U0128114

山西文化之旅
——民俗風物篇

晉旅　主編

審　　訂：王　銳等
本冊編寫：李雅麗

在地球的東方，有一片神奇的土地，它頭枕長城、腳踏黃河，是中華文明的發祥地，中國上古聖賢堯舜禹皆生於斯長於斯成於斯，它的名字叫中國山西。

五千多年文明在這片十五點六七萬平方千米的土地上留下了輝煌燦爛的文化遺存。一個個王朝，一個個世紀，浩如煙海的歷史瑰寶層層疊疊，不落塵埃，交相閃耀在歷史的天空，讓人目不暇接。

或許是這片土地上的歷史太過悠長、太過厚重，即使是專業的歷史文化學者窮極經年亦難窺其萬一。

《山西文化之旅》的創意原始而又簡單，就是想在浩瀚的歷史時空中，擷取那些時光凝成的精華，把發生在這片土地上的最重大的歷史事件、最重要的歷史人物、最典型的歷史地理變遷和傳承至今的文化風物，用小故事的方式呈現給您，讓您在愉快的旅途中、茶餘飯後的閒適中、忙碌工作的餘暇中，輕鬆地瞭解中國山西、讀懂中國山西、愛上中國山西！

王一新

目錄
CONTENTS

寫在前面／王一新

傳統技藝

002　大同銅器
打造軍用和民用的一流品牌

005　黎侯虎
一個古老部落的圖騰記憶

008　平定砂鍋
康熙御醫指定的熬藥神壺

010　平遙漆藝
唐太宗送給文成公主的陪嫁品

012　山西琉璃
破解故宮金碧輝煌的奧祕

014　上黨堆錦
大唐宮廷絕藝

016　孝義皮影
子夏夜晚講學創制的教具

019　新絳雲雕
流動著大唐雲朵的漆器

021 **懷仁陶瓷**
技冠北方的燒瓷工藝

023 **侯馬蝴蝶杯**
酒滿引得彩蝶飛

025 **絳州澄泥硯**
取之於水　成之於火

027 **平陽木版畫**
民俗風情的歷史寫真

030 **山西刺繡**
充滿煙火味的民間藝術

032 **晉南花饃**
承載著禮俗的饃饃藝術

地方風味

036 **山西老陳醋**
老醯兒四千年就鍾情一個味兒

039 **渾源涼粉**
李世民愛喝的解暑名品

041 **碗飥**
西晉時期的制式軍糧

043 **汾酒飄香**
醉了神仙醉世人

045 **萬卷酥**
佛家糕餅成了御用點心

047 **六味齋**
五味添香成就百年老店

049 **太谷餅**
只戀這一方水土

051 **栲栳栳**
一場誤會裡搶來的名號

053 **「白起肉」**
兩千年前長平百姓的恨

055 **大同黃花**
賞可忘憂　吃能救命

057 **頭腦**
天不亮就去喝的長壽湯

060 **聞喜煮餅**
三千年前軍隊的乾糧

062 **河曲酸粥**
遼兵進犯的心酸味道

064 **壺關羊湯**
山羊巧救曹操大軍

066 **「平地一聲雷」**
乾隆盛讚的山西菜

068 **曲沃羊雜**
忽必烈母親的養生餐

070 **石頭餅**
遠古烹飪的味道

072 **稷山板棗**
隱居詩人改良的名品

074 **陽高杏**
貧苦孤兒的感恩之心

076 **泡泡糕**
流落民間的宮廷廚藝

078 **壽陽茶食**
文豪韓愈力捧的點心

080 **醪糟**
趙匡胤惦念不忘的滋味

082 **定坤丹、龜齡集**
原是明清宮廷御用藥

084 **沁州黃**
小冰河時期留下的救命糧

086 **黨參**
上黨人參　不爭的是品質

088 **潞酒**
李隆基上黨宴客指定用酒

090 **貓耳朵**
為生死相許的愛情祭奠

092 **平遙牛肉**
曾與古城休戚與共

094 **竹葉青**
醫學家傅山改良的祕方

096 **上黨臘驢肉**
進貢換來賑災糧

099 **稷山麻花**
古戰場遺留的記憶

101 「閃塌嘴」
一口下去便知妙處

103 福同惠
柳暗花明創出的老字號

105 平陸百合
皇家貢品解病愁

107 郭杜林
好吃全靠「太極手」

109 黃芪
治癒胡適的消渴症

111 神池月餅
半年不壞　康熙稱奇

113 汾州核桃
兩百年前的出口貨物

115 安宮牛黃丸
救人於急難

117 拉麵
唐朝開始專供「壽星」

119 刀削麵
化腐朽為神奇的傑作

122 飴餎
河漏改名　事關河道治理

124 「剔八姑」
李世姑綿山獨創一絕

126 潞綢
沈王興織造　潞綢「衣天下」

樂舞社火

130 **秦王破陣樂**
大唐閱兵舞曲風靡世界

132 **翼城花鼓**
奔放的節奏感染太后

134 **尉村鼓車賽**
兩千七百年前的戰車訓練

136 **元宵旺火**
正月裡迎神祭天思女媧

138 **平定迓鼓**
北宋將士軍中的娛樂生活

140 **原平鳳秧歌**
隨薛仁貴東渡的軍隊舞蹈

142 **九曲黃河陣**
社火活動中的走迷宮

144 **民間鼓吹樂**
百姓禮俗中的音樂盛典

146 **傘頭秧歌**
中國最早的脫口秀表演

148 **上黨鐵禮花**
鐵樹開花的美好祝願

150 **武鄉頂燈**
疑是銀河落九天

152 **威風鑼鼓**
雷神敲響的戰鼓

154 **耍孩兒**
咳咳腔逗樂唐玄宗兒子

156 **二人臺《走西口》**
小夫妻離別時的悲歌

158 **清徐鐵棍**
祈雨演變出的空中舞蹈

160 **天塔獅舞**
九米高臺上的王者風範

162 **走獸高蹺**
連體高蹺演繹的古老故事

164 **太谷絞活龍**
龍騰盛世的期盼

166 **山西戲曲**
中國戲曲的搖籃

歲時節令

170 **鞭春牛**
立春時政府頒布的頭號政令

172 **二月二**
臣河背冰亮膘　大展陽剛之氣

174　**寒食節**
介子推抱憾綿山

177　**七夕節**
和順放牛郎　娶回天上織女

179　**六月六**
收了新麥　小倆口回娘家

181　**七月十五**
點一盞河燈祝天下平安

廟會信俗

184　**大槐樹**
生生不息的華夏之根

187　**廣勝寺**
泉水官司打了上千年

189　**解州關帝廟會**
關公門前唱大戲

191　**開鎖**
一種特別的成長禮

193　**望鄉會**
奇特的姻親紐帶

195　**撓羊賽會**
不要高富帥　愛嫁撓羊漢

197　**寧武潑水節**
寒冬時節潑水淨身送瘟神

199　**五臺六月騾馬會**
一場救佛的法會

201　**鄉寧油糕會**
飄香鄉寧兩千年

203　**蔭城鐵貨會**
關公磨刀生意旺

205　**河東「搶親戚」**
堯帝之女回娘家

207　**晉祠古會**
晉祠廟會祭水母

後記

傳統技藝

大同銅器

打造軍用和民用的一流品牌

　　大同的銅器，不用看，光聽音就能分辨出來。大同銅匠做出的銅鑼，聲音深沉而悠揚，經久不散；大同銅匠做出的駱駝鈴鐺，六七里以外都聽得真切。過去駱駝隊在漫漫的夜幕中跋涉時，牧民們能清晰地辨別出哪隊駱駝掛著的是大同銅鈴。

　　歷史上大同地區是遊牧民族活動的地方，當地的製銅業晚於中原地區，開始於春秋時期。最初，銅用於製造武器、炊具和磨製銅鏡，是貴族們才能用得起的高檔物品。北魏時，銅開始用於佛像鑄造，曾造過一尊十三米高的精美佛像，用銅二十二噸多。隨著技術發展，大同銅匠還用銅造出了精良的鎧甲。

　　元代時，一位叫孫威的銅匠給成吉思汗打造過一身鎧甲。當時鎮守大同的將軍親自演示，射過來的利箭居然穿不透這身鎧甲。成吉思汗一高興讓這位元工匠當了大同地區製銅業的總管。巧合的是，在成吉思汗死後的七百多年之後，大同銅匠又為他修復了陵園殿頂的銅包塔。那是一九八一年，在修復成吉思汗陵三座蒙古包式的殿堂頂部的銅包塔時，遇到了技術性困難。為此，政府從全國各地請來眾多有名

的銅匠，最終大同老銅匠麻壽財完成了高達二十六米的正殿穹廬頂上的銅包塔的修復任務。

明清時期，大同制銅業從軍用轉為民用。民用銅器中，銅火鍋最具代表性。大同地區銅火鍋的工藝與流行不僅與當地氣候有關，還跟明朝代王的推廣有關。

明朝開國皇帝朱元璋的第十三個兒子朱桂，被封到大同為代王。這位王爺喜歡通宵達旦的宴飲，可是寒冬長夜飯菜冷得快，於是他的下屬找了能工巧匠，打製出了精美的銅火鍋。這種火鍋用上乘黃銅製成，上鍋下灶，中間通風，內裡塗錫，既可防銹，又可保持食物原有的味道。從此，代王夜宴再不懼寒冬漫長。

火鍋這種炊具的出現最早可追溯到東漢。元朝時，火鍋這種吃法深受忽必烈的喜歡。一九七三年，「九龍奮月」的大同銅火鍋還曾作

大同銅火鍋

為「國禮」，由周恩來總理送給了法國總統蓬皮杜。

大同銅火鍋形制多樣，有供兩個人吃的，稱作「夫妻美」；有供六七個人吃的，叫作「闔家歡」；有供十人吃的，呼為「慶賓朋」。

大同銅器，從軍用到民用，無不體現著當地工匠的精湛技藝和對美好生活的追求。

黎侯虎

一個古老部落的圖騰記憶

虎是一種漂亮而威猛的動物。中國古代，虎分布在中國很多地方。虎的威猛被先民們尊崇，成為一些原始部落的圖騰。山西黎城縣的黎侯虎便是古黎國的圖騰經三千年演變發展而來的一個文化符號。

相傳二千七百多年前，紂王無道，商朝氣數已盡，日益強大的西伯侯周文王要舉兵滅商。戰前，他們經過一番軍事分析，認為距離商都不遠的黎侯國（今山西省黎城縣）軍事力量強盛，與商朝的關係密切——滅商之前不把黎侯國滅掉，後患無窮。

於是以周文王為帥出兵攻打黎侯國，可久攻不下，傷亡慘重。進退兩難之時，周軍中有一謀士獻計說：「大王，我們不能得勝的原因是黎侯國有一塊上天賜給的鎮國之寶，叫玉石虎。如果能將其盜來，我們就能得勝。」於是周文王派人潛入黎侯國，盜走了玉石虎。果然，盜走玉石虎沒有幾天，周文王的軍隊就將黎侯國城門攻克，滅掉了黎侯國。

黎侯國被滅掉沒過多久，周文王與那位獻計的謀士相繼病逝。傳說是他們違背了天意，又殘殺了眾多的黎民百姓，他們的死是上天的

懲罰。為此，周文王的兒子周武王繼位後不僅將盜走的那塊玉石虎歸還給黎侯國，還將逃往他國避難的黎侯國君請回來，幫助其重新恢復了黎侯國。

傳說黎侯國國君死後，那塊鎮國之寶玉石虎也隨葬。後來人們為了紀念那塊神虎和黎侯國國君，便紛紛用不同材料製作成老虎圖形，取名為黎侯虎或黎國虎，來作為「鎮宅之寶」「避邪之物」。幾千年來，黎侯虎逐步演變成集布藝、草編、刺繡、剪紙、書畫等多種藝術形式於一身的獨特造型，在民間有賜福、鎮宅、生財等文化內涵，被譽為「中國第一虎」。

黎侯虎生肖郵票、虎枕

一九九八年農曆虎年，黎侯虎被郵電部定為生肖郵票圖案，後又多次參與到國內國際的各種展覽中，逐漸名揚海內外。

二〇〇六年黎城西周古墓群考古發掘時，竟然發掘出了傳說中的那塊玉石虎，黎侯虎從傳說變成歷史的實證。

平定砂鍋

康熙御醫指定的熬藥神壺

　　草皮樹根皆可入藥，這是中藥的神奇。把大夫開好的藥材熬煮成中藥，需要一個特別的器皿——砂鍋。陽泉平定的砂鍋在砂器家族中赫赫有名，曾獲得康熙的御筆加封，被稱為「龍字壺」。

　　砂器有多種用途，用於熬藥並不是砂器最早的功能，不過卻是最難以替代的功能。至今，家庭中熬中藥必定還會買一個熬藥砂鍋。

　　平定出產砂器的歷史已有二千多年。在中國被稱之為「器」的物品，一定都曾有不凡的身分。據考古發現，平定砂器在秦朝時就已經出現，有收藏者修復過兩件出土的砂器，一件是三足砂燈，另一件是圓形砂鼎。據考證，這兩件砂器的形制是秦朝時的，而且，鼎在中國一般是作為禮器來使用的。

　　砂器被人們用來熬藥，是因為砂器有熬藥不變性的特點，也就是砂器不會與藥物發生反應，能夠完好地發揮出藥物的本性。曾經，給康熙皇帝診病的御醫都特別要求，一定要用平定砂鍋來熬藥。

　　一次康熙生病後，御醫開好了藥，突然提出熬藥的藥鍋子一定要

用平定砂鍋才可以。耽擱了皇帝的病是要掉腦袋的，於是宮裡派人星夜兼程到山西平定買走了砂鍋。沒幾日，康熙的病大好了，他得知砂鍋的事情後，覺得這砂鍋不一般，加上大病初愈，心情甚好，於是大筆一揮，便在熬藥的砂鍋上寫了個「龍」字。此後，平定砂鍋便有了「龍字壺」這樣一個雅稱，其名聲更加響亮。

現在除了熬煮中藥，砂器已經不再作為日常生活用品出現，平定砂鍋作為一項非物質文化遺產被列入了保護名錄。平定的砂器製作師們不甘心這項傳統技藝只能是被保護的遺產，他們積極利用現代科技，希望平定的砂器能再度迸發出新的活力。二〇一三年，可以通電使用的砂火鍋被發明出來，獲得了國家專利，平定砂鍋有了新的生命力。

當生活器具能被人們利用時，它存在的價值和意義才能得到最大的體現。

平遙漆藝

唐太宗送給文成公主的陪嫁品

平遙推光漆與平遙古城牆、平遙牛肉並稱為「平遙三絕」。推光漆之絕在其手工推光和描金彩繪的精湛技藝。

平遙推光漆所用生漆來自中國特有的一種漆樹的汁液，製作漆器的拋光過程完全是用手掌推出來的，故名推光漆。

漆器在中國的歷史可追溯到新石器時代。西晉以後到南北朝，由於佛教的盛行，漆工藝主要被用來為宗教信仰服務，這也為漆藝技術進入皇宮大院提供了一條途徑，平遙推光漆也是從佛教寺院走進大唐皇室的。

貞觀九年（635），唐太宗李世民巡遊到交城玄中寺，看到寺內雕梁畫棟，佛桌座椅等漆器製品奇巧別致，於是便跟寺裡人打聽是哪裡的匠人所做。寺裡人告訴李世民這些漆藝製品都是附近平遙城的木工和漆工做出來的。平遙漆藝的精美給李世民留下了深刻印象。

貞觀十二年（638），李世民答應把宗室女文成公主嫁給吐蕃（今西藏地區）的松贊干布，並賜給文成公主曆算、經典三百卷，各種手

工技藝六十種，能治四百零四種病的藥材，百種驗方、針灸醫術和四種炮製醫藥的方法等。這些手工技藝中便有平遙漆器，當時有木工、漆工三十多人隨文成公主入藏，參與修建了西藏的寺廟和宮殿。

從此，推光漆這項散落在民間的技藝受到了皇家青睞，並躋身中國四大名漆之列。如今中國工藝美術館珍藏部收藏的三件漆器珍品中，有兩件大型屏風為平遙推光漆器。還有很多平遙推光漆珍品佳作被陳列在人民大會堂山西廳、釣魚臺國賓館、北海公園仿膳飯莊、山西省政府淵誼堂、晉祠賓館、昆明世界園藝博覽園等處。在平遙古城裡，精美的推光漆器一定是最吸引人眼球的藝術品。

山西琉璃

破解故宮金碧輝煌的奧祕

　　壯麗宏偉的故宮金碧輝煌，若是雨後放晴，建築上的各種琉璃構件更是會散發出耀眼奪目的燦爛光彩，讓人目眩神迷。是誰創造出這流光溢彩的物件？這美輪美奐的琉璃又是何時來到了這裡？

　　穿越歷史時空，千百年前生活在三晉大地上的人們用故鄉的熱土和多彩的釉料，以爐火純青的技術和非凡的智慧與創造力，培育出了神祕多姿的琉璃文化。

　　琉璃的發源地在山西，早在春秋戰國時期就已出現，秦漢有了一定的發展。西元五世紀中葉，北魏最早將琉璃用於宮殿建築裝飾，其後琉璃被廣泛地用於歷代建築。在中國建築史上，各種宮殿、寺廟、樓塔等都有它的身影，世有「晉地琉璃遍天下」一說。

　　到了明代，山西的琉璃技藝更是發展到頂峰時期，北京故宮、瀋陽故宮、大同九龍壁、廣勝寺飛虹塔、平遙雙林寺、晉祠……幾乎存世的知名古建中，或多或少都可以看到山西琉璃風華絕代的姿容。有人說，世界琉璃精品在中國，中國琉璃精品在明朝，明朝琉璃精品皆出自山西。

歷史上山西有三家最為出名的琉璃世家——河津縣呂家、太原市南郊馬莊蘇家、陽城縣後則腰喬家。在明代，陽城喬家的琉璃技藝與景德鎮瓷器齊名，有「南有景德鎮，北有後則腰」的說法。在修建北京故宮時，山西的三大琉璃世家都參與其中。二十世紀五、六〇年代北京故宮翻修時，人們發現很多刻有「山凱撒州」「陽城琉璃匠喬」字樣的琉璃瓦。到二十世紀六〇年代，喬家一位做琉璃的傳人不用模具就能徒手做出大件人物造型，技藝無人能比。由此也能得知山西琉璃匠人的藝術修養。

　　那些看著普通的石頭和泥土在琉璃匠人的手中經過淬鍊，變成了色澤鮮豔的琉璃，這其中的祕密在歷史的流變中艱難地保存了下來。太原蘇家的一位琉璃傳人善用醋和麵粉調琉璃的顏色，聽起來多少有些神奇。蘇家人說，這是老祖宗傳下的東西不能丟，而且效果很好。

　　如今，讓琉璃製品再現曾經的光華，依然是山西琉璃匠人不懈的追求。

上黨堆錦

大唐宮廷絕藝

　　經過十幾道繁瑣而精細的工序才能創造出一幅堆錦品，每一道都考驗著創作者的技能和耐心，上黨堆錦被稱為「立體國畫」「軟體浮雕」，身價不菲。這種工藝自產生以來就非普通人所享用，它最初源自皇家。

　　隋煬帝用絲綢仿製花朵懸掛於樹端的傳說廣為流傳。自隋朝起，宮廷裡便有用絹製作工藝品的風氣。有人用絲織品包上棉花堆製出有浮雕效果的作品，少許染色，稱為堆絹，這就是堆錦藝術形式的最初形態。「遍身羅綺者，不是養蠶人。」絲綢產生雖然很早，卻從來不是普通人能享用的物品，拿絲綢絹帛做工藝品更不可能產生於民間。

　　唐中宗神龍三年（707）四月，二十二歲的李隆基以臨淄王的封爵出任潞州別駕。這位從小就極具藝術天賦的皇子，首先在潞州普及了宮廷音樂、宮廷舞蹈。可是當秋葉落盡，寒雪飄飛時，他便覺得府中大殿裡的色彩過於單調了。一日他想起了從宮中帶來的堆絹，於是懸掛於官邸中，這繽紛之色正映襯了盛唐華音。不久，懸掛堆絹便成為潞州的新時尚，當地的官員富商雖然無福消受宮廷的堆絹，卻可以

潞綢代替。上行下效,堆絹工藝漸入民間。

上黨堆錦製工精細、用時較長、價格昂貴,不是官宦之家、豪富商賈不敢問津。明初,潞州豪商巨富眾多,潞綢也已名揚天下。上黨堆錦有了消費群體,有了物資保障,其工藝越發精湛。今山西省芮城縣博物館有一幅堆絹《唐汾陽王壽誕圖》八屏,便是明初高檔工藝品,其藝術手法與上黨堆錦最為接近。

清末,上黨堆錦獲得了巴拿馬萬國博覽會銀質獎。新中國成立後它還被作為國禮贈送外國友人。如今,上黨堆錦是國家級非物質文化遺產保護專案,長治市特別成立了上黨堆錦藝術博物館和研究所,堆錦藝術進入又一個發展高峰期。

孝義皮影

子夏夜晚講學創制的教具

「五尺紗窗燈一盞，七緊八慢戲一班。喔呵呵呵一聲喊，老人哈哈孩童歡。」這首孝義民謠描述的是老人小孩看皮影戲的熱鬧場景。

孝義皮影的歷史相當久遠。據說，皮影最初是被當作教具來使用的，而且採用的是影像教學法。孝義皮影，也叫「燈影」「影子戲」，它是用燈光照射，用獸皮（主要是牛皮、驢皮）做成人物剪影來演示的，後來才發展成為一種戲劇表演形式。

西元前四四五年至西元前三九六年，魏文侯在位期間，孔子的得意門生子夏受魏文侯之邀在西河（孝義當時屬於西河）講學。子夏從師於孔子，孔子是「樂、琴」能手，子夏自然也學會了「樂、琴」技藝，這兩種技藝成為其教學內容。當時子夏已是百歲老人，有時寒冬夜長也會授課，子夏及其弟子段干木、田子方創造出以燭光投影，配以樂的方式來聚眾講學，吸引了很多人來聽講。「設教」「樂琴」「影樂」在子夏的教學中融為一體。

在子夏講學過程中，當地人學會了表演影樂的技法，隨著時間的推移，影樂教學的形式在當地逐漸變為影戲，這就是最早的孝義皮影

戲。直到今天，孝義皮影戲仍然延續「影、樂、教」的方式。

孝義皮影可以說是最早的投影教學，在其後來的發展中，又逐漸與戲曲唱腔糅合在一起，不僅有教化功能，而且還有了娛樂性質。

北宋時，孝義就有了皮影演出的班社，而且還有專事影人雕簇的藝人。當地出土的北宋末期的古墓內，就有手持影人的兒童在草坪上玩耍的描繪。另一座元代古墓出土的文物則說明，從元代起孝義已有影藝世家。

清嘉慶年間，皮影藝人還被召進皇宮表演。在鄉下，則有平遙、祁縣、太谷數縣的商賈聘請孝義藝人說戲。孝義皮影還隨晉商遠赴外地演出，清末民國初，孝義皮影戲極為興盛。

孝義皮影戲

如今，孝義市的皮影藝術博物館專門收藏了有關皮影的文化實物及劇本。孝義北獨村武氏皮影世家依然常年登臺演出，並遠涉重洋，在異國他鄉做文化交流，原汁原味地再現著這一古老的藝術。

新絳雲雕

流動著大唐雲朵的漆器

一九一三年，有一位外商帶著一些破舊的雲雕漆器來到山西省新絳縣，想找一位漆藝匠修理此物。當時新絳縣只有一家油漆鋪，店裡的薛仙基、王思恭、趙月普三人攬下了這活計。

外商為何要千里迢迢來到新絳尋找修復漆器的匠人呢？史上，新絳是京津地區通往西北的重要的「水旱碼頭」，有「七十二連城」之說。民國初年，新絳的經濟和工商業僅次於太原。外商尋到新絳修復此漆器，除因新絳雲集了各種手工藝人外，也跟新絳曾出過雲雕藝人有關，或許新絳就是雲雕的發源地。

漆器在堯舜時代就已經出現，秦漢時大量流行於貴族階層中。唐時，朝廷曾對漆器日益奢靡的風氣進行過限制，漆器生產受到了衝擊。在這種狀況下，漆器匠人們進行了新的探索創造，雕漆技藝開始出現。那時的雕漆漆器為「平錦朱色」，「其錦多似細鉤雲」。可知，朱紅漆器上的錦紋刻的便是雲紋。「絳州剔犀」便是以流轉自如的雲紋回鉤組成的，俗稱「雲雕」。

雲紋的雕刻借鑑了木刻技法，是仿造木板印刻方式在漆的平面上

完成的雕刻藝術。隋唐時，雕版印刷術在山西晉南地區已經盛行，主要用於雕印佛經和佛圖。極有可能當時的漆器匠人把雕版印刷的技法運用到漆器製作中，創造了這種雲雕工藝。在當今的雕漆藝術中，雲雕是最具漢唐神韻的藝術。

北宋時，全國手工藝術者幾乎都集聚在北方。北宋靖康元年（1126）之後，大量手工藝人南遷，雕漆技藝才在浙江嘉興等地開始發展起來。剔犀，是雕漆工藝的一種。現存的南宋雕漆遺物中，多是剔犀雕漆。從宋代至今，剔犀的工藝方式以及紋樣裝飾，幾乎沒有大的變化。

歷史上剔犀匠人大都沒有留下姓名，直到清嘉慶年間的史料中記錄下了一位元著名的雲雕剔犀漆器製作匠人——絳州（今山西省新絳縣）名匠張凡娃。外商也許正是在得知這位匠人出自新絳後，特地尋蹤而來吧。

薛仙基、王思恭、趙月普攬下這份活計之後，他們邊修復邊著手仿製。一九一五年，薛仙基等三人各自開辦了油漆鋪，開始生產簡單的雲雕漆器製品。一九二二年，新絳從事雲雕生產的店鋪增加到十二家。

如今，新絳雲雕已被列入國家級非物質文化遺產名錄，當地有了生產、銷售、科研創新一條龍式的雲雕生產企業，而且至今依然秉承千年傳統，完全是手工製作。

懷仁陶瓷

技冠北方的燒瓷工藝

　　在史料記載中，大同九龍壁的琉璃主體是懷仁縣吳家窯的匠人燒製的。懷仁與大同相鄰，在遼宋時期，懷仁陶瓷就已經技冠北方。明萬曆年間的懷仁舊志上特別說明「如琉璃瓦獸之物更四方名揚」，當地還曾有一座琉璃山。由此可見懷仁陶瓷、琉璃燒製的歷史之悠久、技藝之精湛。

　　懷仁有記載的陶瓷製作史是在南北朝時期。到遼金時期，這裡生產的瓷器就已經覆蓋了周邊地區，隨著駝隊進入了茫茫大漠。

　　懷仁陶瓷業的形成與當地的地理環境有直接的關係，這裡儲量豐富的煤炭和高嶺土都為陶瓷的燒製提供了必要的物質保證，吸引了一代又一代陶瓷工匠。

　　在懷仁有很多帶有「窯」字的地名，這是歷史留給我們解讀它的鑰匙。在諸多的地名中，有一地名喚「碗窯」，不難推測，當年這裡主要燒製碗。碗，是再常見不過的日用品，從新石器時代人類就開始使用它。唐代時，便已經有了劃花工藝的碗。劃花，一直都是懷仁窯最常用的工藝。

歷史上，懷仁一直都在生產碗這樣的日常生活陶瓷器皿，即使是今天，懷仁也是中國的日用瓷生產基地。有人推算，每三個陶瓷碗中就有一個產自懷仁。

　　平凡的東西或許是最重要的東西。即使人們司空見慣，但這一平凡的東西因為屬於平凡生活中不可或缺之物，而有了長久的生命力。

侯馬蝴蝶杯

酒滿引得彩蝶飛

一九七八年，侯馬市郊區一村民發現了一個奇特的杯子。這個杯子腰細腳寬，在陽光下流光溢彩，村民便把這杯子撿回了家。

一次，杯子裡斟滿水時，他發現杯中有一隻色彩嬌豔的蝴蝶會翩翩起舞，當水漸漸減少，飛蝶隨之消失。一時間，侯馬發現寶杯的消息長了翅膀一樣飛了出去。一些老戲迷聽說了這杯子的奇特後，不由想到了常聽的一臺戲《蝴蝶杯》裡的唱詞：「蝴蝶杯傳家寶千金難買，將美酒斟杯內彩蝶飛來。」

戲曲《蝴蝶杯》在湖北、陝西、山西、河北、河南等地極為流行，講的是明代帥哥田玉川與漁家姑娘胡鳳蓮難中相遇，一見鍾情。田玉川以傳家之寶蝴蝶杯贈予胡鳳蓮，兩人私訂終身，後二人又鋤奸報仇的故事。原本以為這只是寫戲文的人編出來的，沒想到還真有能讓蝴蝶飛出來的酒杯。

根據一部記錄陶瓷史的古書記載，蝴蝶杯在宋代時便有，且民間流傳甚廣，古代男女將它作為美好愛情的象徵。因製作工藝奇特，其工藝祕不外傳。蝴蝶杯往往被官吏們當作稀世珍品而收藏。隨著朝代

更替，蝴蝶杯越來越罕見。明代末期，戰亂加之自然災害頻繁，百姓疲於避難，蝴蝶杯的製作工藝未能傳世。

當傳說有了實物為證，便有人琢磨如何能讓這種工藝再現。蝴蝶杯的工藝製作原理很多人都知道：杯腳裡，細彈簧上裝一彩蝶，杯子受到微小干擾，彩蝶就會振動。杯底中央，嵌裝一類似於凸透鏡功能的東西。杯中無酒，彩蝶在凸透鏡焦點之外；杯中斟酒，酒作用為一凹透鏡。凸透鏡與凹透鏡合在一起就成為一個複合凸透鏡，彩蝶便落在複合凸透鏡的焦點之內，通過複合凸透鏡形成放大虛像圖，人就能清楚地看到放大了的蝴蝶。

原理簡單，做來不易。當蝴蝶杯在侯馬出土後，有不少人希望能把這一珍貴的工藝復原出來。侯馬市民周尚明花了十多年時間，燒過瓷器，用過玉石，最終實驗成功，用玉石為原料將侯馬蝴蝶杯的工藝復原出來，使這一記錄在古籍中的寶貝再現世間。

絳州澄泥硯

取之於水　成之於火

　　筆墨紙硯，是中國的文房四寶，更是歷代文人墨客的心頭之寶。絳州（今山西省新絳縣一帶）澄泥硯，與端硯、歙硯、洮河硯同屬中國「四大名硯」。絳州澄泥硯是其中產生最早，唯一用泥巴燒製出的硯臺。

　　山西省從南到北的農村都把硯臺稱為「硯瓦」。那是因為在秦漢時期，燒製的瓦非常精細，可以做硯臺使用。久而久之，以硯瓦代替硯臺的稱呼便流傳了下來。從這種稱呼中，也可知曉山西燒製瓦和硯的歷史非常久遠。

　　絳州澄泥硯同汾河中的沖泥有很大關係。發源於管涔山的汾河，沖刷著中上游兩岸的泥土、黏土、高嶺土、長石、煤炭、銅鐵礦石、石灰石等各種物質，奔騰著，咆哮著，來到下游的運城大平原，放慢前行的速度，將燒製澄泥硯的原料留在了新絳。

　　大約從西漢開始，山西新絳一帶就開始採用澄泥燒瓦的方法燒製硯臺。這種硯臺，便是澄泥硯。新中國成立之前成書的《古玩指南》中記載：「澄泥硯以山西新絳縣（古稱絳州）所制者最為著名。」《中

國工藝美術大辭典》「四大名硯」條錄：「澄泥硯最早產於山西絳州。」

明末清初，由於戰爭頻繁、經濟衰退，絳州澄泥硯的生產技術幾近失傳。一七七五年，乾隆皇帝曾命絳州知府在汾河取泥，打包運送到京城，再命造辦處找蘇杭工匠，欲燒製絳州澄泥硯，歷時十年之久，未能成功。至今故宮庫房內還保存有當時取用的汾河泥。

絳州澄泥硯的製作需經過幾十道工序。先將採掘來的河泥放置在一個絹製的籠中過濾，濾出的極為細緻的泥土就是製硯的原料——澄泥，澄泥硯之名也由此而來。再將濾製出的澄泥放置一年以上，歷經冬夏去其燥性方能使用。

為了搶救這一民間文化遺產，二十世紀八〇年代，絳州人藺永茂、藺濤父子，多方搜集資料，潛心研究，反復實驗，終使絳州澄泥硯重放異彩。

平陽木版畫

民俗風情的歷史寫真

平陽（今山西省臨汾市）是中國民間木版年畫最早的發祥地之一，木版年畫又被認為是版畫的始祖。平陽著名的版畫藝人也層出不窮。

相傳，西晉末年當地民間藝人就已開始用木版雕印佛經和朝廷的命令。到隋唐時期雕版印刷在平陽興起，主要是雕印佛經、佛圖和學者所需的書籍。隨著雕印業的發展，民俗浮水印木版畫應運而生並發展壯大。

平陽木版畫的風格主要源於唐、宋中原畫派，中原畫派的代表人物是吳道子。木版畫以壁畫作品為主，多是宗教、神仙等人物像，也有一些表現農民生活的民俗畫作品。

北宋時，平陽府的王居正是當時著名的版畫家，他對紡織生活有很深的感受，他繪製的《紡車圖》成為傳世珍寶。《紡車圖》中，一老嫗彎腰曲背正在勞動，兒媳一手紡織，一手餵嬰童吃奶，身上的衣服還打著補丁。元代著名畫家、書法家趙孟頫還收藏了一幅《紡車圖》，趙評價說：「圖雖尺許，而筆韻雄壯，命意高古，精彩飛動，

真可謂神品。」可見當時平陽版畫藝人技藝之高超。宋時，民間貼年畫的風俗已經盛行。平陽府絳州民間畫師楊威的民俗年畫就非常出名，且為畫院畫工所青睞。他擅長畫《村田樂》一類的民俗畫，其作品是汴梁（今河南省開封市）城紙畫市場的搶手貨，尤其到每年歲末。可見這時平陽木版年畫已經向外地銷售，以滿足人們過節之需。

平陽木版年畫

明清時平陽版畫傳播到全國各地。河南朱仙鎮、湖南隆回鎮木版年畫，天津、武強木版年畫皆受其影響。

木版年畫的創作者主要以農民為主力軍，他們農忙時種田，農閒時作畫。平陽木版畫體現著質樸的黃土高原風情，具有寫實的民俗畫面，是一幅幅百姓生活和情感寄託的歷史寫真集。

山西刺繡

充滿煙火味的民間藝術

中國刺繡享譽世界，有蘇繡、湘繡、粵繡、蜀繡「四大名繡」之說。山西刺繡雖不在其列，卻起源最早，其繡品多與生活密切相關，充滿人間煙火味。

《詩經》〈唐風〉〈揚之水〉中有句曰：「素衣朱繡。」這首詩講的是西元前七四五年至西元前七三八年發生在晉國的一段歷史，具體在今曲沃一帶。從詩句中可知，刺繡當時已在晉國人的衣著中出現，不過當時僅限王公貴族使用。

諸位有所不知，刺繡進入山西普通百姓的生活，是從晉國女子的繡鞋開始的。

西元前六七七年晉獻公當了國君後開疆拓土，史稱其「並國十七，服國三十八」。為了讓全國百姓永遠記住他的文治武功，他下令宮中所有女子的鞋面上必須繡上欽定的十種花果紋樣。同時晉獻公還下令全國平民女子出嫁時必須以這種繡了紋樣的「十果鞋」作為大婚禮鞋，以便世世代代都記住他的赫赫功績。當時稱此種圖案的繡花女鞋為「晉國鞋」。從此晉國的刺繡工藝便以繡花鞋延伸到繡花衣以及

其他用品上。至今晉南一些地方還把繡花鞋稱為「晉國鞋」「十果鞋」。

也許是沿襲了晉獻公這種貼近生活的想法，此後山西的刺繡作品充滿了人間煙火味和實用性。

繡花鞋風行三百年後，山西籍思想家荀子做《針賦》，記錄了推廣用鐵針刺繡的繡花工藝，並以哲學家的角度讚揚了繡花針，認為鐵針不僅能在鞋上繡花，還能「下覆百姓、上飾帝王」，有利於社會繁榮和穩定。這番言論愈發讓刺繡事業在山西發揚光大。

山西人的衣服、帽子、鞋子、孩子的圍脖、姑娘小夥的肚兜，就連鞋墊也要繡得花樣百出、色彩豔麗，體現奔放的情感。刺繡向來是山西女人表情達意的代言品，也是展現女人勤勞智慧的藝術品。山西有句俗諺：「男人串街走，帶著女人的一雙手。」一語道盡了山西刺繡藝術中含蓄而濃烈的生活情感。

晉南花饃

承載著禮俗的饃饃藝術

晉南人離了饃沒法活。

這話初聽是有點誇張，但等你瞭解了饃在晉南人生活中的位置，你就知道這話說得一點不出格。「出門三件寶，饃饃、草帽和棉襖」「不吃饃饃不叫飯」「饃饃像鍋蓋」⋯⋯晉南人「頓頓不離饃，事事不離饃」。

經常有外地人初到晉南不知饃為何物，其實就是饅頭。宋代時，關於饅頭的起源說，認為是諸葛亮渡瀘水時，用饅頭替代人頭做祭祀而來。

晉南人認為「饃」乃方言，可能是在紀念一位女子。黃帝娶了位名叫嫫母的河汾之女。相傳嫫母發明了石磨（因嫫母發明而稱磨）後，人們磨麥粒成麵，蒸熟而食，將所蒸麵食沿襲「嫫」音而稱之為「饃」，至今，在山西境內，饅頭幾乎都叫饃。

饃，在晉南人生活中不僅能果腹，還承載著禮俗傳統。「頓頓不離饃」是晉南人的生活，「事事不離饃」是晉南人的禮俗。

「饃饃像鍋蓋」中的饃就與生活中頓頓吃的饃不同，這饃是指「花饃」或「禮饃」，唯在時令節日、祭禮或走親戚時才蒸，個頭大，形狀獨特，根據禮俗不同而變化各異。大年夜要吃棗山饃、棗籃饃、金罐饃、銀罐饃；元宵節要蒸餛飩饃；五月端午蒸老虎饃；六月六做蓮花饃；八月中秋蒸月餅饃，不同節日的花饃各有說法。

　　人生從幼童到老翁，歲歲生日蒸的花饃同樣也有不同的意義。嬰兒滿月要蒸鼓鼓饃、棗長花饃；周歲娃娃要吃魚饃；孩童十二歲時要蒸項圈饃；青年人結婚時蒸花糕饃，一個花糕往往重達十多公斤；老人們過壽時蒸桃饃；當老人離別人世時，要蒸一些包饃……晉南人一生離不了饃。

晉南花饃

晉南的饃，不僅是禮俗，還是藝術。

山西一些地方的花饃和麵塑被列入了非物質文化遺產名錄。最具代表性的聞喜花饃，二〇〇八年就成為國家級非物質文化遺產，二〇一〇年在上海世博會展出時曾驚豔全場。

二〇一二年，聞喜舉辦了「中國‧聞喜花饃文化節」，創造了四項世界紀錄：高14米的龍王神像麵塑，創造了世界最高麵塑紀錄；曲線長30.05米的神龍麵塑，創世界最長的麵塑紀錄；龍騰盛世大花饃，高4.06米，直徑2.012米，成為世界上最大的花饃；裴氏宰相將軍群塑，創世界最大的麵塑造像群像紀錄。

悠悠歲月裡，饃是晉南人古老的食文化，也是晉南人心中的美好願景。

地方風味

山西老陳醋

老醯兒四千年就鍾情一個味兒

說到醋，嘴裡不由得作酸。有酸味的東西很多，醋是代表物。山西人愛吃醋，好酸味，四千年來一往情深。

酸味作為調味品的歷史從夏朝開始，當時主要是以植物的酸味作為調味。據記載，古太平縣（今襄汾縣）有一種植物叫蒉葜，有酸味，是王室最初用作調味的植物——這是山西最早的植物醋。相傳，殷商初期，把每年農曆九月二十六定為食醋節，可知醋的重要性。到了周朝，宮廷便有了專管釀醋的官吏，名為醯人，醯便是醋。山西人善釀醋、喜吃醋，被喚作「老醯兒」便由此而來。

春秋時期，醋坊已遍及山西城鄉。據歷史學家郝侯樹考證，西元前四七九年築古晉陽城（今太原古城營村一帶）時，當地已有醋坊，製醋、食醋已成為山西人生活的一部分。

後來即使不是土生土長的山西人，來了山西也會愛上吃醋。明朝朱元璋之孫寧化王朱濟煥就不是地道的山西人，他不僅愛吃醋，還在自己太原的王府中設置了醋坊，天天王府裡都飄著酸味。如今，王府沒了，醋坊依然紅火，「老太原」到了年根兒便拎著瓶瓶罐罐，排著

長隊去寧化府的醋坊打醋，成為太原市最獨特、最有味道的街景。

山西產的醋品種豐富，米醋、果醋、粞醋……其中又以老陳醋最為出名。這種醋要經過「夏伏曬」「冬撈冰」，這隔年的醋，酸味更濃，風味特別，故名老陳醋。老陳醋的創始人王來福曾被順治帝特召進京，令其為御膳房製醋。不料，王來福說，離了晉水，做不出好醋。於是他被封了九品宮膳作師後，繼續回清徐製醋了。

晉人善於製醋、嗜好吃醋，傳說晉人從軍腰裡必有一個醋葫蘆，抿一口醋就會越戰越勇，勝了舉醋歡慶，輸了繳槍不繳醋葫蘆。就連火車從華北平原進了太行山都變成了「吃醋──吃醋──」的轟隆聲。如今，仍然有晉人出差時喜歡拿一塑膠瓶，裝一瓶醋帶著。

清徐釀醋

飲食與文化是共生關係。吃醋是一種飲食生活，還被引申出很多意思，最常用來借指善妒的女子，起因也還是與吃醋有關。

　　唐朝宰相房玄齡的夫人對老公要求一向嚴厲，除了始終貫徹一夫一妻制外，不許自家老公對別的女人表示出一絲好感。一次，上朝時唐太宗看到房玄齡臉上有抓痕，便要他說出原因。當得知是房夫人所為後，頗為惱火，便要賜幾個美女給房玄齡。房死活不敢要。太宗一怒，把房夫人召來，賜了一壺「毒酒」──要麼喝酒，要麼接受美女。房夫人想都不想，一仰脖，「毒酒」下肚了。結果沒事，一壺醋而已。此後，善妒女子便多了「吃醋」的別稱。

　　醋作為調味品，除豐富了我們的飲食文化，還蘊含著深厚的治國之道。商代伊尹，從廚師到輔國之臣，以調味之道喻治國之策；傳說，這位出身泥瓦匠的山西人也以調和之道來喻君臣和諧。宋代時，醋被稱為「食總管」，更有人稱其為「仙品」，以說明其具備保健功能。

　　這一壺醋，滋味醇厚，難怪老醯兒四千年來對其深愛不移。

渾源涼粉

李世民愛喝的解暑名品

有名山必有名產。北嶽恆山腳下有一味小吃風靡長城內外，那就是渾源涼粉。這是一種讓人聽到名字就開始饞的美味。

對於渾源人，涼粉不是吃，而是喝，因為渾源的涼粉軟滑，加了作料，連吃帶吸溜，最後忍不住把調料湯都喝個底朝天。以當地出產的土豆澱粉為原料做成的涼粉，白軟、精滑，加上獨特的配料，醋、蔥花、鹽、辣椒油、白豆腐乾和油炸蓮花豆，無論盛夏，還是寒冬，都想來一碗——一年四季喝涼粉也就成了恆山古城的一景。

唐貞觀十八年（644），李世民征討高句麗（今朝鮮半島），路過恆山腳下，正值立夏，又困又乏，又乾又熱，讓人煩躁。還是火頭軍的薛仁貴給李世民做了薛家人解暑常吃的涼粉。李世民吃後，饑渴頓消，精神煥發，心情也好了。傳說，「渾源涼粉」這名就是李世民起的。

但明朝時，土豆才隨著歐美傳教士進入中國。李世民當時吃的是涼粉嗎？吃的是啥做的涼粉啊？

中國製作涼粉，傳說起源於東漢時期。劉秀起義反王莽時，起義軍最初屢屢吃虧，軍情緊急，劉秀心急如焚，嚴重中暑。一位鄉野名醫分析病因後，便把家裡所剩不多、正準備發豆芽的綠豆磨成了漿，加入清熱祛火的藥材煮成了一鍋糊糊，沒想到第二天變成了一個晶瑩的大粉團，切一小條放進嘴裡一嘗，味道不賴。劉秀吃了這粉團，病好了，也愛上了吃這東西。粉團後來成為漢代宮廷菜，也就是現在的涼粉。

薛仁貴是河津人，河津市距劉秀曾經活動的懷都和洛陽都很近，其祖上是河東的名門望族，由此推測，薛家人學會用綠豆做涼粉解暑的手藝應該很容易。李世民東征時，薛仁貴為其做涼粉，應當是作為一種解暑藥來吃的。直到後來土豆進入中國，不知是誰發現用土豆澱粉做出的涼粉更加勁道爽滑，且產量高，渾源涼粉此後就以土豆做了原料。

歷朝歷代有幸遊歷到恆山腳下的人，不嘗嘗這道風味小吃皆會有遺憾。吃過了，便會難以忘懷。

碗飥

西晉時期的制式軍糧

碗飥是山西頗有故事的地方風味小吃。「飥」為古代麵食的稱謂。碗飥，就是以碗蒸製的一種麵食。碗飥以山西的柳林、平遙、保德三地最為有名。

西晉初年，匈奴人內遷，匈奴貴族劉淵打起了反晉旗號，從離石派大將石勒發兵進攻西晉都城洛陽，營地紮在柳林三郎堡。石勒軍糧不足，派兵四處購糧，購回的糧食多為蕎麥。糧食緊缺，兵士只能把蕎麥磨碎熬粥喝。一次幾個士兵外出回來晚了，蕎麵粥已冷卻成塊，饑餓的士兵把蕎麵塊切成條，隨便撒了些鹽，吃著味道還不錯。這個意外發現讓他們很欣喜，於是他們特意把蕎麵切成長條，調以鹽、醋、蒜泥，給石勒端去。石勒吃後，讓廚房試做。次日廚房做好，軍士飽餐一頓，精神大振。百姓嘗後也覺新奇，模仿著去做，從此柳林有了吃蕎麵碗飥的食俗，千年不衰。

碗飥在平遙則多以白麵為原料。一九〇〇年慈禧太后西逃，途經平遙時，就吃過平遙碗飥，讚不絕口，當場給以重賞。平遙碗飥此後名聲大振。

保德碗飥澆的滷有葷素之分，最興盛時期是光緒至民國年間，賣碗飥的店鋪僅縣城就有七十多家。

如今，街頭小攤、星級酒樓皆有碗飥，近年更製作為方便食品，讓碗飥的柔韌筋滑與香辣爽口走得更遠。

平遙碗飥

汾酒飄香

醉了神仙醉世人

酒桌上有句戲言：「汾酒必喝，喝酒必汾。」雖然是借用了中國古典名著《三國演義》的開篇語「合久必分，分久必合」，不過卻生動而準確地說出了汾酒在飲酒人心中的位置。

汾酒有著四千年左右的歷史，古代的杏花村幾乎家家釀酒，家家有絕招。杏花村的酒香就連神仙聞了都忍不住動心。傳說八仙聞到了杏花村的酒香，偷偷下凡，痛飲於杏花村中。酒醉之後，八仙在杏花村種下八棵槐樹以作紀念。也有人說是留下記號方便以後再來喝酒，至今杏花村還有條八槐街。

神仙的傳說畢竟縹緲，史書上的記載更讓人信服。歷史上，汾酒曾有過三次輝煌經歷：一五〇〇年前的南北朝時期，汾酒作為宮廷御酒受到北齊武成帝高湛的極力推崇，被載入《二十四史》，一舉成名；晚唐著名詩人杜牧的一首《清明》吟出千古絕唱「借問酒家何處有？牧童遙指杏花村」，讓汾酒之名婦孺皆知；百年前在美國舉辦的巴拿馬萬國博覽會，讓汾酒揚名世界。

從一九一五年二月二十日開始，到十二月四日閉幕，巴拿馬萬國

博覽會展期長達九個半月，總參觀人數超過一千九百萬。那次展會上中國拿出了二千多箱、十萬多件產品，共獲獎章一二一八枚，為參展各國之首。按照賽制，巴拿馬博覽會的獎項分為六等，按照甲、乙、丙、丁、戊、己順序排列，其中甲等獎為大獎章。就在這次盛會上，汾酒是中國白酒中唯一獲得最高獎——甲等大獎章的品牌白酒。

悠久的釀造史，清香純正的口感，讓汾酒成為中國白酒中的佼佼者。據史料記載，貴州茅臺的釀造技藝都是清代康熙年間由山西鹽商傳過去的。中國不少地方的名酒中都有「汾」字，如「湘汾」「溪汾」「佳汾」，也都與汾酒有著一定的淵源。一九四九年，汾酒受到國家領導人的青睞，作為開國第一國宴用酒，慶祝了新中國的誕生。

汾陽杏花村

萬卷酥

佛家糕餅成了御用點心

乾隆好喝茶，喝茶時有一款頗受他鍾愛的點心，名為「萬卷酥」。這款點心出自五臺山寺廟，是一款與佛有緣的糕餅。

清朝的皇帝們喜歡到五臺山朝聖，一七四六年至一七九二年的四十六年中，乾隆皇帝曾經六次到五臺山朝臺。乾隆十一年（1746）九月，乾隆三十六歲，第一次到五臺山朝臺。處理完朝中事務，他便趁著秋高氣爽四處遊覽。走累了，又渴又餓，他信步進了一座古剎。寺裡的僧人知道皇帝要喝水、吃東西時，忙不迭泡了茶，端來了寺裡烤好的一種油酥餅。乾隆品著茶，吃了幾口餅，連連說好，便問這種又酥又軟、略覺香甜的餅叫什麼名字。寺裡的僧人聽到萬歲爺發問，靈機一動，便說「萬卷酥」，並且介紹這種餅與佛門有很深的淵源。

相傳，當年唐玄奘從印度取經回到長安，便在大慈恩寺日夜不停地翻譯經文。唐高宗去寺中閒逛，見到玄奘憔悴不堪，得知玄奘譯經時常常顧不上吃飯，於是命御廚發明了一種不易乾、不易硬、不易壞的食物給玄奘當乾糧，以備隨時食用，叫做千層油酥餅。此後，這種油酥餅便成了佛門中的一種齋食。後來隨著榨油技術的發展，油酥餅

的製作也推陳出新。五臺山寺廟中製作油酥餅用的便是當地上好的胡麻油，做出的餅更加酥軟，還有胡麻油特有的香味。僧人面對乾隆的發問，覺著千層油酥餅不足以與皇帝的身分匹配，便臨場發揮，起了個「萬卷酥」的名字。

乾隆對萬卷酥讚不絕口，而且得知這種餅飽含敬佛之情，更是歡喜，遂讓御廚學會了萬卷酥的製作工藝，從此，萬卷酥成了乾隆喝茶時的新寵。有了皇帝做宣傳，只要是來五臺山的人都一定會嘗嘗這款受乾隆鍾愛的點心。

六味齋

五味添香成就百年老店

中國人的飲食調味講究五味中和，酸、甜、苦、辣、鹹皆備，卻又不一味獨大。可是偏有一家店說自家不僅五味調和，調和之後還強調要有香味，還給店鋪起名喚作「六味齋」。

六味齋坐落在太原市繁華的柳巷與橋頭街交叉路口，店裡最出名的就是醬肉。過去民間有「不吃六味齋，不算到太原」之說。

六味齋並不是土生土長的太原家，太原只是其分店。清乾隆三年（1738）有兩名舉子，一為魯人，一為晉人，赴京趕考，名落孫山，兩人此時已是盤纏無幾。思量一番後，二人搭夥，在北京西單牌樓附近開了家熟肉店，名「天福號」。

一天夜裡，兩人守灶煮肉，喝酒聊天，對飲過量，呼呼大睡。一覺醒來，肉已爛在鍋中，軟塌塌的提不起來，二人只好將肉輕輕取出來，待放涼凝固再售。看看鍋中已成濃汁的肉湯，倆人又捨不得倒掉，乾脆將肉汁塗到肉上，與肉凝固到了一起。誰知歪打正著，這鍋煮過頭的肉香嫩爛熟，裹了湯汁又增加了嫩滑的味道，當天便獲得好評如潮，早早售罄。

好味道從來都藏不住，小店的生意越來越火爆，居然得到了乾隆皇帝的讚譽，醬肘子還成為御用貢品。到慈禧太后時，這位「老佛爺」為經常吃到鮮美的醬肘子，賜給送肘人一枚腰牌，作為進宮的通行證，天福號的醬肘子身價倍增。

　　一九三七年天福號在山西太原設立分號。大夥討論起名號時，一個夥計說，凡是吃的東西，一般有酸、甜、苦、辣、鹹，也就五味俱全了。另一個說：「肉沒有香味，還有甚吃頭？咱們給它來個五味俱全再加一個『香』味，『六味』俱全！」一個有點兒文化的夥計想了想，在「六味」後面加了一個雅氣的「齋」字，便成了「六味齋」。

　　如今，六味齋的醬肉依然是太原市民餐桌上的上品，逢年過節，宴請賓客，總會切一盤六味齋的醬肉。近幾十年中，六味齋除了傳統的肉製品外，還開發出了豆製品、速凍食品、速食等系列產品，當年的小作坊已變成了百年老字型大小。

太谷餅

只戀這一方水土

「平遙的牛肉太谷的餅，清徐的葡萄甜格盈盈」，郭蘭英的《誇土產》唱響後，很多人才聽說了太谷餅這種點心。其實在清中期時太谷餅就已經很有名了。

清朝大學士紀曉嵐的岳父曾在山西稷山為官，回京時自然會帶些山西特產給家人，紀大學士吃了太谷餅後大加讚賞。可見，清初太谷餅在山西已頗有知名度，成了饋贈親朋的必備特產。

一九○○年慈禧西行至太谷時，接駕的當地富商也給慈禧準備了太谷餅。慈禧是個美食家，對吃喝非常講究，品嘗此餅後，盛讚不絕，竟然動了要將糕點鋪遷到京城的心思。當時的太谷是繁榮的金融中心，富庶之鄉，而北京城正在遭受八國聯軍的入侵。點心鋪老闆、夥計都不願背井離鄉，便請太谷大戶曹家在慈禧面前求情，才算將此事了結。餅鋪沒有跟著進京，但是太谷餅此後卻成了貢品。

一九三四年，蔣介石到太谷探親，看望他的大姐夫孔祥熙。相傳，孔祥熙請蔣介石品嘗家鄉特產太谷餅時，蔣介石大為驚訝，沒想到山西有這麼好吃的東西。蔣介石也動了將太谷餅麵點鋪南遷到金陵

的心思。孔祥熙不等蔣介石張嘴，先說起了庚子年太谷餅麵點舖掌櫃不願隨慈禧進京的故事。顯然這番話是有深意的。

後來孔家到臺灣，臨行前，憑著和太谷餅舖掌櫃的情誼，派人學了一手製作太谷餅的手藝。孔家製作的太谷餅專供自家享用，也作為禮品饋贈親朋好友。一些和孔家有點關係的人，還會登門討要。當時，在臺灣能吃到太谷餅，或將它作為禮品饋贈親友，成了身分和地位的象徵。

太谷餅一入口便能讓人感覺出它的與眾不同，這是因為在製餅時加入了特製的米秈。過去太谷餅口味只有一種，現在有了多種口味、多種規格，可滿足不同顧客的需求。

變的是外在，不變的是本質。特製的米秈依然是太谷餅的靈魂。

榮欣堂太谷餅

栲栳栳
一場誤會裡搶來的名號

栲栳，並不是吃的東西，而是一種用柳條編的裝東西的工具，也叫笆斗。這種原本盛放物品的器具如何成了食物的名稱，是有一段小誤會的。

六一七年，李淵被隋朝皇帝派往太原做官，路過今沁源縣靈空山時，隨行一位身懷六甲的侍妾要生產，便臨時歇腳於此。李淵滯留在靈空山盤古寺時，與方丈暢談天下大事。

一日，老方丈對李淵說，他夜觀天象，預測不久將天下大亂，勸李淵要早日圖謀大業，並且笑眯眯地說：「讓香積房做頓稀罕飯給你嘗嘗。」

中午時，老方丈端了栲栳出來，裡面裝著像蜂窩一樣的莜麵筒筒。李淵很好奇，便問：「師父手中端的是何物？」老方丈以為是問手裡裝莜面的器具，便回答說：「是栲栳栳。」此後，這種蜂窩狀的莜麵便被叫做「栲栳栳」了。後來，老方丈去五臺山時，把這種莜麵的做法教給了沿途產莜麥的人家。

莜麵上餐桌前要經歷三生三熟。莜麥脫粒，是「一生」，將脫好的莜麥粒炒出香味，這就是「一熟」；將炒熟的麥粒磨成莜麵，是「二生」，和莜麵時要用開水燙，這就成了「二熟」；把和好的麵做成各種形狀，便又成了「三生」，接下來就是燒火猛蒸，謂之「三熟」。這時，莜麵才真正能吃。

　　莜麵栲栳栳是山西最具特色的風味麵食之一，蘸著羊肉臺蘑滷汁吃，是晉西北地方待客的上等茶飯。因其有「牢靠」「和睦」的美好象徵，每逢老人壽誕、小孩滿月、逢節待客，都會蒸一鍋熱乎乎的莜麵栲栳栳。山區有些人家婚配嫁娶時，新郎新娘也要吃栲栳栳，寓意夫妻白頭到老。

晉北莜麵栲栳栳

「白起肉」

兩千年前長平百姓的恨

　　人類記載歷史的方式有很多，比如書籍、碑刻、神話、傳說、建築、繪畫、地名乃至某種地方小吃，都有可能在為你講述一段歷史，比如山西高平的燒豆腐，又叫「白起肉」。豆腐和肉，兩種風馬牛不相及的東西，如何扯在了一起？這與兩千年前的秦將白起有關。

　　人們用某種食物來表達自己的愛，也用某種食物來表達自己的恨。在山西的地方飲食中，這種情感體現最強烈的一道菜，莫過於這道「白起肉」。

　　「白起肉」不是肉，是豆腐。長平之戰中，秦將白起擊敗了紙上談兵的趙括後，四十多萬趙軍悉數向秦軍投降。白起居然對已經投降了的士兵下了毒手。一日之內，坑殺了四十五萬趙軍。趙國人眼見四十五萬子弟一夕斃命，又無法找白起報仇雪恨，便將這仇恨寄託於小小的豆腐之上。

　　當地人用豆腐代表白起的肉，用爐火燒烤，用豆腐渣、蒜泥、生薑末調和成「蘸頭」，寓意把白起的腦漿搗成泥，與豆腐一起食用。蒜泥是白起腦漿，辣椒油是白起的血液。痛心的老百姓只能以此來表

達自己的仇恨。這小小的一道豆腐菜，寄託著世世代代長平子民對秦將白起的恨。

　　豆腐與茶葉、瓷器、絲綢一樣，自古就享譽世界。山西豆腐又是北方製法的代表，從「白起肉」的起源可知山西做豆腐、吃豆腐至少已有二千多年的歷史了。到了明末，有很多山西人就是靠著做豆腐、賣豆腐起家，成了後來的晉商大戶。山西豆腐在傳承與發展中，形成了精美的豆腐製品、豆腐菜肴與豆腐文化。

大同黃花

賞可忘憂　吃能救命

　　每到夏季，桑乾河兩岸盛開著大片黃色的花，這是一種萱草，這種萱草的花骨朵曬乾可做菜，老百姓稱其為黃花或金針。

　　萱草在中國有悠久的種植歷史，古時人們發現，這種植物可以讓人忘記憂傷。遊子遠行時，會在北堂（母親居住的地方）種上萱草，為的是減輕母親對孩子的思念，讓其忘卻煩憂。故而，萱草也被叫作忘憂草，是中國的「母親花」。

　　山西大同一帶所產的黃花品質好，不僅可食用，還有藥用價值。明朝嘉靖末年的一個夏天，中國著名中藥學家李時珍進行田野考察時，在靠近大同采涼山的聚樂堡稍作歇息。當時，村子裡的人正鬧一種怪病，全身浮腫，四肢乏力，眼瞅著農忙，卻不能下地幹活，莊戶人心急如焚。

　　李時珍第二天上山采藥，看到山上的萱草比他見過的其他品種都好。他摘了一朵尚未開放的黃花，放在嘴裡慢慢咀嚼，認定這是萱草中的上品。當下李時珍就採摘了一筐黃花，又挖了一筐這種萱草的根，回到堡裡熬成了湯，分發給各家各戶的病人，讓他們趁熱服下，

這些人的病很快就好了。後來聚樂堡的人蓋了一座藥王廟，供奉李時珍的塑像，感激他的救命之恩。從此，黃花在大同一帶開始廣泛種植。

明朝時，中國海員航行一定會帶金針，也就是曬乾的黃花，以替代蔬菜。正是因為海員們的遠航讓大同黃花有了國際知名度，並作為重要商品遠銷日本、馬來西亞、新加坡、印尼、菲律賓等沿海國家。

頭腦

天不亮就去喝的長壽湯

傅山是明末山西名士，精通哲學、醫學、儒學、佛學、詩歌、書法、繪畫、金石、武術等。他在醫學上的成就頗高，至今太原還有一種獨特的藥膳源於傅山之手。

傅山精於醫道，常常給老百姓治病。對於貧苦之人，傅山常主動為其診治，不收診費，而且藥到病除，頗受百姓敬重。在為老百姓治療時，傅山覺得百姓的身體健康關係著一個民族的存亡，應該想些辦法讓百姓通過簡單的方法就能獲得健康。

中醫講究醫食同源，傅山侍奉母親時，曾配製出一種養生的滋補湯。他想烹調經銷這種食品，讓大家都可以食用，讓更多的人身體強健起來。

他曾在太原市南倉巷結識了一家擺肉攤賣雜割（動物內臟）的小商販，覺得店家為人不錯，便把給母親配製的養生湯配方教給了這戶人家。這種湯由黃芪、燜麵、蓮菜、羊肉、長山藥、黃酒、酒糟、羊尾油配製而成，外加醃韭菜做引子。體弱需補的人看病時，傅山先生便讓他去南倉巷喝這種湯。

過了些時候，這家賣雜割的告訴傅山，吃過這種湯的人都說身體好了很多，精神足了。不少人問這種湯叫啥，因為製作這種湯要用八種材料，所以只能先告訴客人叫「八珍湯」。

　　傅山聽了特別高興，常到小店轉轉，聽聽顧客的評價。一天，他聽到一個老者說，這湯有點像老人們說過的頭腦。這句話讓傅山想起了《水滸傳》和《金瓶梅》中提到過的「頭腦」這種食物。於是就讓店家此後把這種湯正式叫為「頭腦」。

　　生意越來越好，小攤變成了附近有名的食鋪。店家想請傅山給起個店名，當時反清復明進行得如火如荼，且歷史上元朝也不是漢人統治的天下。傅山先生想到此，便提筆寫了「清和元」，暗指「清和元的頭腦」。

太原頭腦、燒賣

來小店吃飯的人越來越多，傅山又給賣頭腦的出主意，天不亮就開始售賣，意味著「天不明」。傅山先生想通過這種方式，提醒人們不要忘記反清復明，要早早行動起來，去喝清和元的頭腦。其中也有提醒人們要早起、早運動，促進身體健康的醫療道理。

　　頭腦是溫補之食，宜秋冬不適春夏。至今，每年白露到來年立春，是太原市頭腦上市的季節，人們天不亮就會去喝頭腦。

聞喜煮餅

三千年前軍隊的乾糧

　　魯迅先生在其小說《孤獨者》中有「我提著兩包聞喜產的煮餅去看友人」的字句。可見在民國時期的禮品市場中，聞喜煮餅是響噹噹的。雖然聞喜煮餅已有三千年歷史，是中國糕點之祖，知道的人怕不多，最初它是軍隊出征時帶的一種乾糧。

　　三千多年前，周武王伐紂，商朝太師聞仲出征應戰，兵至古唐（山西省南部翼城一帶，古稱唐國），為了減少埋鍋造飯，縮短進兵時間，聞仲設計了一種用飴糖與炒熟的穀粉摻和粘起來做成的糖餅，風乾後作為士兵的乾糧。這種糖餅口感好，便於攜帶，宜存儲，熱量高，很適合行軍作戰，可說是煮餅的雛形。

　　此後，民間仿效這種糖餅，不斷改良。二千多年前漢武帝一次出巡到此，恰逢傳來南越大捷的消息，便把此地更名為「聞喜」。當地這種獨特的餅也隨之改名叫「聞喜餅」，被稱為「煮餅」至少應該是在唐以後了。

　　在晉南的方言中，不說油「炸」，而說「煮」。

聞喜餅多了油煮的工藝，應該是在油料大量生產之後。根據記載，中國的榨油技術在北魏時期就已出現，到了唐代，這種珍貴的物資還不是普通人家能享用的，而當時山西南部經濟富庶，又盛產許多適合榨油的大麻籽，榨油作坊大量出現。這時有人做聞喜餅時，試著把餅放到油鍋中「煮了煮」，結果「煮」出來後味道很好，而且更加耐儲存。為了體現這種餅多了油煮工藝，是非常金貴的食物，聞喜餅又被喚作了「聞喜煮餅」。自「聞喜煮餅」之後，再沒聽說當地某種油炸食物能被冠以「煮」字了。

　　市場上的點心五花八門，煮餅依然佔據一席之地。如今煮餅的餡料已經有了多種口味，可適合不同人群。也許正是因為這種不斷的改良，煮餅才能歷三千年而不衰吧。

聞喜煮餅

河曲酸粥

遼兵進犯的心酸味道

　　山西有一種米叫糜子，個頭介於大米和小米之間，俗稱硬黃米。當然與之相對應的是軟黃米，軟黃米的官名也叫黍。糜和黍，是一種兩類的糧食作物，往往被人們混淆，區別就是兩種米的黏度──糜子不黏，黍子發黏。

　　糜子官名叫「稷」，已有七千多年的栽培種植歷史，被稱為「五穀之長」。過去祭祀時都會用到糜子，「江山社稷」一詞也跟它有關。

　　山西河曲是糜子的原產地之一，這裡的糜子是地道貨。河曲人用糜子可以做出很多食物，其中最讓河曲人放不下碗的就是糜子酸粥，它始於北宋。那味道，千餘年來已經烙刻在河曲人的集體記憶中，世世代代不能忘卻。

　　傳說趙匡胤建立北宋王朝後，其弟宋太宗兩次北伐遼國都未能成功，朝廷內外談遼色變。待到宋真宗繼位，遼軍已經摸透宋軍的軟弱之勢，經常侵犯宋朝邊疆。河曲地處宋朝北部邊陲，首當其衝，深受戰亂之苦。老百姓為了躲避遼兵的掠殺，白天逃至深山躲藏，晚上才敢悄悄回村。有時候剛剛泡上米，碰巧遼兵進犯，只好丟下東西老少

出逃。幾天後還家，泡上的糜米已經發酸了。戰爭年代，糧食本就緊缺，人們自然捨不得把米丟掉，將就著煮粥充饑吧。可是出人意料，有時發酸的米做出的粥，味如優酪乳，異香襲人，黃亮堅韌，酸甜可口。

後來大家發現將米放入十五度以上的溫水中浸泡四至八小時後澄出的湯做成酸粥最好，而且，夏天喝酸粥不口渴，有解暑瀉火的功效，還有利於腸胃健康。於是，河曲人盛夏時一日三餐多以此為食，家家戶戶爐臺上都有一個「漿（酸）米罐」，擺了千年，沿襲成俗。

高原上這種粗米糙糧成了桌上的佳餚瓊漿，並逐漸演變為普遍的飲食習慣，流傳於晉北乃至山西多地。人類的飲食中常常有很多的偶然發現，那是大自然的饋贈，但河曲酸粥的偶然中卻飽含著歷史的心酸。

壺關羊湯

山羊巧救曹操大軍

　　山西羊湯粗略分有三個流派：雁北，羊雜下水加粉條，大鍋燴煮放辣椒；晉南，羊肉羊血大鐵鍋，油潑辣子肉片饃；只有壺關羊湯為全羊湯，一碗湯中，三五個羊肉丸子、七八個羊肉餃子、燉肉、血條、脂油與頭、蹄、口條及內臟切成的條條塊塊，除羊的皮毛之外，應有盡有，連羊骨髓也熬在了老湯中，有「一碗湯中有全羊」之說。據說壺關羊湯的這種吃法與曹操有關，流傳已近二千年。

　　西元二〇六年，東漢末年，中國大地上正是群雄逐鹿。這一年正月，已經五十二歲的曹操率兵親征，討伐駐兵於壺關的「叛軍」。曹操從河南沁陽進入山西晉城的太行道，這是條從海拔二百米升到近一千米的向上攀登的山路，可以說是從華北平原直達太行絕頂，這一段山路叫羊腸阪，似羊腸蜿蜒穿行於太行山中，攀登十分艱難。

　　曹操出征恰逢寒冬時節，山路結冰，堅滑難行。軍隊行到太行山鵝屋嶺，已是兵困馬乏，缺糧少水。曹操心焦氣躁時見半山腰有一牧童放一隻羊。曹操命令衛士將牧童喊來，想借用牧童的羊，宰殺了供士兵充饑。牧童說：「一隻羊怎能供幾萬人食用？」牧童告訴曹操前

邊山上有很多山羊，可讓他的士兵飽餐一頓。曹操喜出望外，下令將山羊殺掉，破冰煮水，山羊盡數煮成了肉湯。這一群山羊救了曹操的急，登上太行後，曹軍很快攻克壺關。

此後，壺關便流傳下了喝全羊湯的習俗。

「平地一聲雷」

乾隆盛讚的山西菜

晉菜中有一道菜叫「平地一聲雷」，曾為唐代御膳，與名將薛仁貴有幾分關係。

河津民間相傳，薛仁貴（戲曲裡演繹為薛平貴）從軍一別十八年，柳銀環（戲曲裡演繹為王寶釧）苦守寒窯，一日米盡，以鍋巴菜湯泡食。後薛仁貴衣錦還家，夫妻終得團聚。柳銀環苦盡甘來，做了一品夫人，不再為三餐發愁，卻總惦念鍋巴的滋味，遂製成菜，傳於民間。人們給這道菜起了個響亮的名字，喚作「平地一聲雷」，不僅與柳銀環從寒窯貧婦到一品夫人的變化相貼切，也與此菜製作中把滷汁澆在鍋巴上會發出響聲有關。

鍋巴是「平地一聲雷」的烹飪主料，古代多稱焦飯，指用小米熬粥時鍋底焦糊的部分，現在則多用大米、黃豆、小米等原料經過淘、煮、蒸、拌、壓、切、炸等環節製成。運城人愛吃鍋巴，也愛做鍋巴，產銷量占全國鍋巴市場的大份額。「平地一聲雷」這道菜的產生絕非偶然。

不過，讓這道菜名聲更響的是乾隆皇帝。

清初，晉商已是商界一支勁旅，腳步遍及五湖四海，山清水秀的蘇州、無錫等地更是晉商常駐之地。乾隆年間，在蘇州的晉商建起了全晉會館，離鄉的山西人自然要先讓故鄉的味道填滿自己的胃，聊慰思鄉的苦。「平地一聲雷」就這樣隨晉商的腳步扎根江南，被當地不少餐館仿效製作。

乾隆爺喜歡江南的秀美，有事沒事就下江南走走。乾隆三下江南時在一家飯店用餐，店家將鍋巴經油炸酥，再用蝦仁、熟雞絲、雞湯熬汁，送上餐桌後將汁澆在鍋巴上，頓時吱吱聲響、陣陣香濃。這吃法、這動靜、這味道都讓這位爺大感稀奇，試想想，平日在宮裡誰敢整出這動靜，搞不好整個弒君的罪名，就算不死，怕也得挨一頓板子。

微服私訪的乾隆品嘗了這道特別的菜後，贊此菜可稱天下第一。金口點贊，身價倍增，「平地一聲雷」從此穩坐「天下第一菜」之名，不僅進入宮廷，還成為蘇菜代表。抗戰時期，國民政府移至成都，「平地一聲雷」又變為鍋巴肉片，易名「轟炸東京」，成為四川名菜。

曲沃羊雜

忽必烈母親的養生餐

曲沃羊雜是山西的一種地方名吃，最初製作者是元朝名醫許國禎的母親韓氏。韓氏曾作為莊聖太后——也就是忽必烈母親的食醫，羊雜是她做給莊聖太后的養生餐。

一二三六年，忽必烈的母親在失去丈夫之後，多次堅持，拒絕再嫁，力爭後得到一塊封地，位於真定（今河北境內）。同一年，忽必烈也被封到河北邢州，距離他的母親很近。他母親要求他多與漢人交往，學習漢人文化。

山西很多名士列入了忽必烈招賢納士的行列中。曲沃人士許國禎的祖父與父親皆通曉醫道，又都是朝廷官員。十三世紀時，戰亂不斷，許國禎攜家人避難到太原。在好友的引薦下，許國禎做了忽必烈的軍醫，並隨忽必烈出征荒漠高原，治好了忽必烈的足疾。許國禎為人正直敢言，頗得忽必烈信任。

一二四四年的一天，忽必烈的母親生病了，忽必烈非常著急，給許國禎下令，限期要他治好母親的病。果然，許國禎藥到病除，得到太后重賞。在得知許國禎出自中醫世家，其母親也頗懂醫道後，許國

禎的母親韓氏順理成章做了莊聖太后的食醫。

帝王家自古對食療都很看重。元代，蒙古人喜豪宴，成吉思汗時設置了食醫之職，管理吃喝，以避免胡吃海喝引發的疾病，到忽必烈時對飲食尤為重視。

韓氏在管理莊聖太后的吃喝時發現蒙古人喜歡吃羊肉，但是對羊的心、肝、脾、肺、頭蹄、腸肚等往往拋棄不用。懂醫道的韓氏明白，羊肝可明目，羊肚可養胃……這些被扔掉的都是好東西。於是她把這些羊下水（對動物內臟的統稱）收拾乾淨，煮熟，配以作料，製成羊雜湯。莊聖太后品嘗後，讚譽不止，給起了個名兒叫「羊雜酪」。

羊雜的吃法符合中醫營養學中「以臟補臟」的理論，是暖胃、驅寒的保健佳餚。後來傳入民間，成了一道地方風味。

石頭餅

遠古烹飪的味道

　　至少在一百八十萬年前，山西河東地區就開始使用火，人類進入了吃熟食的時代，最早的烹飪技術便是「石烹」。幾十萬年過去了，如今在山西依然可以吃到用最原始的烹飪手法製作的食物——石頭餅。將餅放於指甲蓋大小的石子中焙烤而食，被稱為遠古烹飪的「活化石」。

　　據說，石頭餅的發明者是堯帝。一年新麥豐收，大雨使糧倉坍塌，麥粒被砸壓成粉狀。雨後初晴，人們捨不得把壓碎的麥粉扔掉，便把粉麥鋪於石板上曬乾準備收藏，卻聞到了奇異的香味。堯於是教人們以石盤、石棒將黍麥碾碎，以燔黍之法烙製麵餅。如今山西晉南一帶麥收以後，仍然會烤製石頭餅，帶著它走親串友，慶賀豐收；誰家媳婦生了孩子，娘家也要烤製石頭餅前去看望，以示祝賀。這種遠古習俗，因出於堯，民間又稱石頭餅為「堯王餅」或「華夏第一餅」。

　　西漢初年，隨著鐵器的普及和石磨技術的發展，鐵鏊在民間逐漸代替了石鏊，形成了平底鐵鏊上放河灘石子烙餅的方法，這種方法一直沿用至今。西漢時，漢武帝帶著文武百官到萬榮，祭祀後土，當地

人便製作了石頭餅，送給漢武帝以及百官食用。到了唐代時，石頭餅被叫作石鏊饃，一度還是皇室貢品。

如今，石頭餅的用料與製作更加講究，加椒葉，加餡料，更加香酥適口。石頭餅是山西特有的地方食品，又是遠古石烹法製作的食物，來山西一定要嘗一嘗這遠古的味道。

運城石頭餅

稷山板棗

隱居詩人改良的名品

　　紅棗是山西人的驕傲，山西紅棗品種多、口感好、品質佳，歷史上還曾做過皇家貢品。山西人偏愛紅棗，棗樹也喜歡在山西的土地上扎根。

　　說到做貢品的棗，自然是稷山的板棗。民間說，稷山板棗沒核。其實有點誇張啦，核還是有點的，只是遇著剛剛摘下來，汁甜皮薄的棗，一不留神，那綠豆粒般大小的半粒核沒注意就被吞了，於是便有了沒核的說法。

　　棗樹的栽培史至少在四千年以上，開始是在酸棗枝上嫁接改良而成的。據記載，稷山板棗是七百多年前經人嫁接培育出來的，此人名段克己，金末元初詩人，絳州稷山（今山西稷山）人。金亡國之後，段克己拒絕為元朝服務，回到故鄉過起了隱居生活。回山西時，他把任職地的金絲小棗樹用馬車拉回家鄉，經過多年精心培育，結出了新品種的棗。這種棗果形側面較扁，當地方言「扁」音為「板」，故稱「板棗」。該棗主要產於稷山的陶梁、桃村、南陽、關城、下迪等村，也被稱為稷山板棗，此後幾百年都以「大棗小核，小棗無核」而

馳名。清代名士紀曉嵐就曾經給稷山板棗做過宣傳，使得稷山板棗被定為皇家貢品。

棗被農民稱為「鐵杆莊稼」，即使是災荒年，也能豐收。

歷代王朝都對栽種棗樹很重視。明洪武二十五年（1392），朱元璋甚至下詔，讓農民按丁分配栽棗樹的任務，並詳細規定育苗和栽植數量等，如違旨則全家發配到雲南充軍。朝廷的強制推廣讓紅棗掛滿了溝溝坎坎。

在山西，不同的土壤環境下生長著不同品種的棗，柳林灘棗、太谷壺瓶棗、運城相棗、保德油棗、交城駿棗、臨汾堯棗……栽培種植的歷史都在千年以上，在紅棗家族中皆屬上品。

紅棗豐收

陽高杏

貧苦孤兒的感恩之心

　　大同陽高縣采涼山附近有一個小小的村落，村裡土地貧瘠，收回的莊稼還沒有播下的種子多。過去生活在這裡的農民們即便汗水摔八瓣也擺脫不掉貧苦的日子——吃不飽，穿不暖。後來，村子裡有一個孤兒，帶領村人找到了一條致富路。

　　三百多年前，村裡一戶王姓人家生了個兒子，不料父母早亡，孩子成了村裡的孤兒。儘管大家的日子也過得緊巴巴的，可是淳樸的村人並沒有袖手旁觀。姓王的孩子非常好學，常常站在私塾外聽課，無論數九寒天還是三伏暑熱。後來先生被感動了，便允許他免費聽課。等到大舉之年，村裡人又湊了盤纏送他去趕考。離鄉之時，他便在心中立下誓願，一旦自己有了能力，便要回鄉報答大家。

　　功夫不負有心人，寒窗苦讀最終換來了榜上有名。中舉為官後，他心中一直惦念故鄉，於是返鄉看望曾經養育過自己的四鄰八鄉的人們。昔日的窮小子成了人們嘴裡的王官人。十里八鄉的富紳們自然不會丟掉這個攀附權貴的時機，不過王官人卻對送來的禮物分文不取，還換成了糧食，在當地廣設粥棚，接濟鄉里窮困的人們。

王官人給接受接濟的人們提出一個條件，每人必須在村裡山坡溝底指定好的地方種一棵杏樹。原來王官人對采涼山一帶的土壤瞭解後發現，這個地方適合種植杏樹，於是帶來了優質的杏樹種子，還寫了《勸種杏樹歌》。多年後，村子附近的山裡山外、坡上溝底都長滿了杏樹，結出了酸酸甜甜的金黃的杏子。十里八村紛紛仿效，鄉人至今仍受此利，這裡產的杏做出的杏脯還成了宮廷貢品。為紀念王官人，村名也改叫王官人屯，如今叫王官屯。

　　盛夏，漫山遍野的杏樹都在講述這個知恩報恩的故事。

泡泡糕

流落民間的宮廷廚藝

世人都知道山西人好吃麵，殊不知在小麥還未大量種植，產量低的時代，黍米才是人們的日常糧食。

黍是一種古老的作物，是百姓最早食用的糧食。至今，黍米麵在山西大同、朔州一代還有很高的地位。招待貴客，雞肉蘸糕是最講究的飯。這裡說的糕就是黍米麵做的。在山西很多地方，逢年過節、娶妻嫁女、孩子生日、考試遠行等各個重要場合，一定會有一盤象徵著「步步高」含義的油糕。清代時，油糕因其有「壽意」而入了滿漢全席。

在山西省侯馬地區有一道油炸糕叫太后泡泡糕，其做法可是地地道道由御廚傳授的。當年這道油糕在宮裡便深得慈禧歡心，是用人參、黨參、黃芪等泡水和麵，用玫瑰、青梅、櫻桃、核桃仁、白糖等調餡，包好的油糕入鍋後，便會膨脹開花，故而被稱為「泡泡糕」。慈禧是個名副其實的美食家，當年西逃時，隨駕備膳的御廚許德盛半路生病，無法與大隊人馬繼續西行，便被留在了山西侯馬地區。許德盛病好之後就做起了飲食買賣，沒人知道這個做小買賣的老人曾經是

專門給慈禧做飯的。

一九四八年冬，侯馬車站有個專賣大碗麵的小攤，有個老頭常來喝茶聊天，也吃些大碗麵。他邊吃邊搖頭晃腦地反復嘮叨：「這茶葉不如宮裡的好，這飯也不如宮裡的香……」擺攤的屈志明以為是沒人贍養的老人，可憐他，常常照顧他。沒想到這老人真的是宮裡的御廚——許德盛。

許德盛年老體衰，不捨得將自己的手藝帶走，因多年在屈志明的小攤吃麵，覺得屈志明是個忠厚老實的人，便把炸泡泡糕的手藝傳給了他。

心懷善念，必得善報。如今這泡泡糕不僅沒失傳，還成了侯馬的地方名吃。

泡泡糕

壽陽茶食

文豪韓愈力捧的點心

開門七件事，柴米油鹽醬醋茶。前面的六件是廚炊必需，這第七件「茶」則是待客必需，體現著中國人的崇禮之風。

「興於唐，盛於宋」的茶文化在民間廣泛傳播。到明清時，晉商宴客，上菜前必有四乾果、四點心，便是佐茶之物，為宴席的序曲。而真正能以「茶食」為名的，要數壽陽名點茶食了。

壽陽茶食以太安驛鎮所產最佳，其出名與唐代大文豪韓愈有關。太安驛原是古代通往京城長安官路上的驛站。據記載，唐長慶二年（822），時任兵部侍郎的韓愈單身匹馬，冒著風險赴鎮州宣揚政令，安撫亂軍。途經壽陽時已夜幕低垂，在太安驛休憩。翻山越嶺，風塵僕僕，韓愈饑腸轆轆，急令擺飯。驛站的人先給韓愈端來一杯茶，正苦於沒有喝茶吃的點心，於是有人急中生智想到了中午烙餅所剩的麵，包了點糖餡，用鏊子烤製得兩面焦黃，端給韓愈。韓愈看著黃澄澄的餅便隨口一問這是什麼點心。驛站的人說，是專為大人喝茶而製。韓愈隨口應：「噢，茶食。」韓愈品嘗後大加讚賞，還寫了一首詩：「風景欲動別長安，及到邊城特別寒。不見園花兼巷柳，馬前唯

有月團團。」這裡的「月團團」就是韓愈用來形容這種餅的。如今，壽陽太安驛鎮學校內仍有此詩的碑銘記錄了這件事，落款為「長安長慶二年文次壽陽驛」。

到了鎮州，韓愈不費一兵一卒，化干戈為玉帛，停息鎮州之亂。韓愈返京後，當年九月轉任吏部侍郎，時隔數月他還經常回味太安驛的茶食，便調廚入京，並向皇上及百官薦食。爾後，茶食擺上了皇家餐桌。

從許多文獻都可以看到，茶食在歷代都是北方待客宴賓的必備點心。今在壽陽當地，茶食還用於婚宴待客，祭祖敬神，寄託著千年來的情感，成為一種禮節的標誌。

醪糟

趙匡胤惦念不忘的滋味

　　新絳的醪糟不過是民間小吃，可這滋味讓北宋趙匡胤做了皇帝還念念不忘。

　　九四七年，中國正處於五代十國戰亂年間，人民生活動盪不安。正值二十歲的趙匡胤讀了幾年書，騎射之術又出類拔萃，想在軍中謀一份差事。他父親原是後唐莊宗皇帝李存勗的戰將，後來屢遭變故，家道中落，家境艱難。就在那一年，他離開越來越窘迫的家，開始闖蕩江湖。當時，他父親的舊日好友已經相當有權勢，趙匡胤便想去投奔父親舊友，謀份工作。

　　趙匡胤一路北上，來到絳州（今山西新絳）時已是繁星滿天，城門已關，路邊尚有一間小酒館閃著微弱的光。敲開酒館的門，趙匡胤很窘迫地跟店家討要水喝，他已經身無分文，只能水飽了。店裡正忙乎的一位老人看到小夥子疲憊潦倒，但依然不失禮數，便把剛剛倒入發酵缸裡不足一日的糟米舀了一碗，放在鍋裡煮了煮，老人原本以為米尚未發酵，沒想到米已經有些酸味，便舀了一勺糖放入碗中，端給了趙匡胤。這碗糟米湯下肚，趙匡胤立刻覺得神清氣爽了很多。趙匡

胤好奇地問店家是什麼湯。店家不好意思地說，不過一碗發了酵的糯米加了點糖，哪能有什麼名字，就是一碗「糟湯」罷了。

第二日，進了城的趙匡胤受到父親舊友的冷遇，無奈之下便去了城北的碧落觀（如今的龍興寺）。觀中老道留了他幾日，臨走時贈他一點銀兩做盤纏，要他參軍並說他很快會交好運的。十餘年後，趙匡胤黃袍加身成了北宋的開國皇帝。

做了皇帝的趙匡胤很懷念在絳州城外喝過的那碗糟米湯，於是請了酒館老者入宮。趙匡胤說：「那晚投宿小店掌櫃給我做的那碗『糟湯』至今還回味無窮，掌櫃真是廚藝高超呀。」店家倒也沒懼怕皇帝，直言相告：「餓了糟糠珍饈味，飽了看饌味不美。」宋太祖聽了感慨萬千，他重賞了店家，並給「糟湯」更名為「醪糟」。從此，這種原本釀酒的酸米做的湯便有了「醪糟」之名。

讓趙匡胤念念不忘的恐怕不是那醪糟的滋味，而是新絳老者當年對一個落魄青年的善待。

定坤丹、龜齡集

原是明清宮廷御用藥

　　中國有四大保密處方藥，其中定坤丹和龜齡集都出自山西太谷廣譽遠製藥廠，這兩味藥源於明清皇室。

　　過去稱呼皇帝為「萬歲」，皇帝一登基便開始尋思長生不老的祕方。四百多年前的明世宗嘉靖皇帝四處尋求方士，廣征長生不老之藥。

　　邵元節是一名精通鬼神之道，善於煉丹製藥的道士，他被嘉靖皇帝召入宮中，專門負責煉製可長生不老的藥。龜齡集便是這樣誕生的。聽藥名便知，服食此藥可獲得像龜一樣的高齡。嘉靖吃了這藥，果然體健神旺，雖已年老，還相繼生了幾個孩子。龜齡集成為宮廷裡的最高機密，只供皇帝這一個男人享用。據說，清乾隆皇帝高壽也與服用龜齡集有關。

　　邵元節去世後，他的朋友陶仲文接著給皇帝製藥，這味藥流落民間就跟他有關。陶仲文收了一名義子，是監製龜齡集的御藥總管，山西太谷人氏。此人告老還鄉時，私下帶回了龜齡集祕方與炮製之法，回鄉後便在家裡鑄爐煉藥。後來龜齡集藥方輾轉傳到太谷一家名叫

「廣盛號」（廣譽遠製藥廠前身）的藥鋪。廣盛號得了龜齡集祕方後，在清代還得到了一味宮廷祕方──定坤丹。

皇宮裡男人稀缺，女人卻成百上千，幾乎個個都是怨婦。乾隆四年（1739），皇上的女人們鬱鬱寡歡，氣血不調，紛紛鬧起了婦科病。皇帝擔心這會嚴重影響到自己傳宗接代的大事，於是，下令太醫們研製特效藥。藥被研製出來後，果然藥到病除，乾隆為其取名「定坤丹」。後來有個叫孫廷夔的朝廷命官，也是山西太谷人，因為母治病心切，便設法從太醫院將定坤丹處方抄出，此後，定坤丹流入民間，輾轉落入廣盛號。

八國聯軍攻進北京，慈禧西逃到山西太谷後鬧起了婦科病，廣盛號獻出的定坤丹讓慈禧痊癒，慈禧留下了「平安富貴」的親筆題詞。

廣盛號四百年間經歷了創業、發展、分裂、整合⋯⋯新中國成立後成為太谷廣譽遠製藥廠。

曾經的宮廷祕方如今已是救助百姓的良藥。

沁州黃

小冰河時期留下的救命糧

沁州黃小米，今為地方名產，殊不知這品種乃是九死一生的「幸運兒」，更是當年的救命糧。

明朝末年，即十五世紀末，地球經歷了一次小冰河時期。幾十年間整個中國的冬天奇寒無比，連廣東等地都狂降暴雪，夏天大旱與大澇相繼出現。對於靠天吃飯的人類，嚴重的自然災害就是死神手裡揮舞的鐮刀。連年的大旱，農作物出現了絕收甚至絕種的情況。

沁州（今沁縣）大地草木、莊稼俱枯黃。縣城東十公里的次村鄉有一座檀山，山上有一座十四世紀初修建的仙師寺，寺裡的僧人也是靠辛苦耕種維持生活，佛祖也未能讓大旱遠離寺廟。地裡的莊稼沒了，可僧人們卻從寺院附近的荒野中發現幾株穀子沒旱死，還抽穗開花，結了種子，真是天無絕人之路。寺院和尚採收後，經過多年培育、繁殖，抗旱、耐瘠薄、病蟲害少的優良穀子品種誕生了，僧人們當時給這種穀子起名叫「爬坡糙」，舂的米稱「糙穀米」。

有一年秋天寺裡穀子還算豐收，有僧人的親戚在京城一官邸供職，他便給親戚捎去「糙穀米」一斗。後官員將小米獻入宮中，救了

剛剛難產、體質虛弱的皇后。嘉靖皇帝發旨將「糙穀米」列為皇家貢品。在史料中並未說明是哪位皇后，不過，據記載，嘉靖皇帝有一位杜皇后，是北京大興人。明初開始，大興地區有大量人口是從山西移民而去的，至今當地還有原產於山西的穀物品種。

這種穀子被稱作「沁州黃」，是清朝年間的事了。康熙年間，沁州出了一位大學士吳琠，官至閣老，是康熙皇帝的股肱之臣。他曾將家鄉的「糙穀米」作為土特產帶入皇宮請康熙品嘗。康熙很喜歡喝，便問「這喚什麼米」，吳琠覺得「爬坡糙」不雅，便答「沁州黃」。民間尊稱吳琠為「閣老」，因他給「糙穀米」改名為「沁州黃」，人們也用「吳閣老」來代稱「沁州黃」。

如今沁縣所在的長治地區有五穀博物館，展品都是七千多年前在此地種植的「穀」遺物。這些展品告訴人們，先民們是如何對狗尾草提純、培育，從而優化出了這沉甸甸的穀穗。

沁縣沁州黃

黨參

上黨人參　不爭的是品質

　　秦始皇統一中國後，把全國分為三十六個郡，現在山西省長治市及平順縣一帶就是那時的上黨郡。此地曾有紫團參，為參中極品。

　　相傳在隋文帝時，上黨郡的一戶人家每夜都聽到宅後有人呼叫，但又始終不見其人。後來在離家一里多的地方，發現一棵植物的枝葉不同尋常。於是大家向下挖掘，深達五尺，得見根部，形如人體，似有四肢。自從挖出之後，那戶人家就再也沒有聽到呼叫聲。此事傳揚開去，人們認為這是得「地之精靈」的「神草」。李時珍在《本草綱目》中也引述了這個古老的傳說，說上黨郡曾盛產類似人參的植物。不過也有人說，那其實就是今天的黨參。

　　晉東南黨參產區主要分布在平順、陵川、屯留、長子、壺關、潞城、黎城等縣。黨參的品種很多，潞城的潞黨參、陵川的五花芯、壺關的紫團參最為名貴，在國內享有聲譽。史上曾有王安石拒收紫團參的記載。

　　王安石有哮喘病，需要紫團山人參（紫團山就在今壺關縣，也屬上黨地區），可是買不到。正好有一山西官員回京城，帶了這個藥，

就送給王安石幾兩，王卻不要。有人勸他說：「您的病，非這藥不能治。這點藥物不值得推辭。」王安石卻推辭不受。因為紫團參歷史上曾是皇家貢品，到北宋時已經很稀少，非常人所能享用，到今天已經絕種。

關於上黨地區的黨參是否就是歷史上所說的人參，至今在中醫界還爭論不休。有人說，歷史上上黨地區是生長人參的，而且是人參中的上品，後來環境破壞以及人為大量挖采，導致了此地人參絕種。還有人說，從「神農鞭百草」著《神農本草經》時，裡面說的上黨人參其實就是今天的黨參。

無論是曾經的人參，還是如今的黨參，有一條是不變的，那就是因為上黨得天獨厚的地理優勢，這裡所產的藥材品質始終都屬於上品。

潞酒

李隆基上黨宴客指定用酒

早在北周時期，潞州便有了大大小小的釀酒作坊，所釀酒被稱為潞酒。唐時，二十二歲的臨淄王李隆基任潞州別駕後到了上黨地區，他在潞州時廣交當地名士，常與這些人在府中宴飲，潞酒便是府中常備佳釀。

在潞州治政近三年中，李隆基修造了一所宏麗的府第，後面建有德風亭。李隆基與賓客酒到酣處，邊舞邊唱漢高祖的《大風歌》，以明心志。上黨門曾經是古潞州府衙的大門，如今還矗立在長治市西大街。一千二百多年前在上黨門前曾經有一次宴飲，盛況空前，家家扶得醉人歸。

西元七一二年，李隆基登上了皇帝寶座。做了皇帝的李隆基還一直懷念潞州淳樸的民風、壯美的風光、熱辣辣的潞酒、蕩氣迴腸的上黨之音……

開元十一年（723）正月，李隆基趁著從洛陽回長安的機會，帶領眾臣回到潞州，趕到潞州時，正是正月初九。潞州城正忙碌著準備迎接上元節，皇帝的到來，更是喜上加喜。

李隆基把這次回潞州當作是衣錦還鄉，他要大宴潞州的父老鄉親，地點就定在了曾經府邸的大門外。當地官府部門自然是盡最大力量籌備此次宴席，把多年的潞酒陳釀都搬出來，供皇帝宴客。唐玄宗大擺宴席請客，還當即免了潞州五年的賦稅，一時間，潞州府笙歌燕舞，人人歡喜，喝得「陌路相逢醉人多」。

　　由於唐玄宗多次照顧舊地，共免稅八年，潞酒又是皇帝喝過的御酒，經由皇帝提攜及特殊的政策傾斜，潞州經濟進一步好轉，潞酒也名聲大振，酒坊竟然發展到近百座，潞酒隨著往來客商的口口相傳，漸成華夏名酒。

貓耳朵

為生死相許的愛情祭奠

    山西麵食有「一麵百吃」的說法。麵，對於山西人不僅僅是滿足口腹之欲，麵食中往往還飽含著深厚的情感，貓耳朵便是一種與愛情有關的麵食。

    元好問那句「問世間情為何物，直教生死相許」打動過無數人，而演繹這句經典名句的卻是汾河上的一對大雁。大雁自古就有對愛情忠貞不渝的寓意，在二千多年中一直是男婚女嫁時相互贈送的吉祥物。

    一二〇六年，元好問到太原參加考試，走到陽曲縣時，正好看到一雙大雁比翼雙飛，結果其中一隻被獵人射中，隨後另一隻大雁悲鳴著投地而死。元好問看到這一幕，心中感傷，被大雁的深情打動，於是向獵人買了雙雁葬於汾水之濱，還搓了巧麵做祭品，寫出了千古傳唱的《摸魚兒·雁丘》。如今雁丘就靜靜地立於太原市汾河公園之內。

    當時，這種巧麵流傳於民間，被呼作「圪搓麵」，製法是將麵揪捏成小片，然後在麵板上撚搓成形。圪搓麵本是為祭雁而製，傳至元代時騎馬射獵者把這種麵奉為捕獲獵物之後吃的慶功麵，叫「馬

乞」，還列入了御宴當中。

明清時圪搓麵已在山西民間普遍食用，並傳播到陝、冀、魯、豫乃至江南一帶。相傳乾隆下江南時在一漁家吃過這種麵食，乾隆覺得這種麵的形狀像貓耳，便起名叫「貓耳朵」。

現在，丘為古跡，詞亦流芳，圪搓麵也因與雙雁的關係，承載了人們對愛情的美好嚮往，成為傳情之美食。

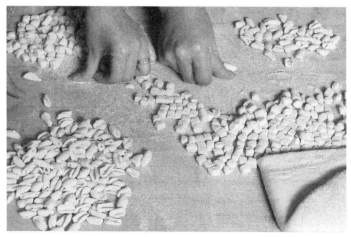

貓耳朵及其製作過程

平遙牛肉

曾與古城休戚與共

古城的保護和平遙牛肉之間扯得上關係嗎？那得從平遙的別稱說開。平遙又叫「龜城」。傳說平遙城是根據大禹治水時馱「息壤」的神龜而建。平遙古城不僅在平面圖上酷似神龜，而且從三維立體圖上看也與龜相似。龜的身體中間高、周圍低，尤其後部最低。平遙古城的地貌與此一致，中央為全城最高處，北門附近則是全城最低處，兩者之間落差高達二十多米。

平遙城的路面硬化是新中國成立後的事。可以想像，路面沒有硬化前，在不斷踩踏和雨水的沖刷下，地形落差大，水土流失嚴重，泥水從高處流向低窪地後形成鹼土。

在平遙有一個工種是刮鹼土，歷來平遙都有人以此為生，到二十世紀五〇年代還存在。刮起的鹼土都被送到了古城內西北角的鹽坊，鹽坊把鹼土熬成土鹽，有的繳納鹽稅，有少部分送到了牛肉店。平遙人用這些土鹽就可以煮出響噹噹的平遙牛肉。

據史料載，平遙人養牛有二千年的歷史。最初平遙人煮牛肉並無特別之處，直到一次偶然發現。烹飪加工的歷史中有很多偶發事件，

這些偶然往往成就了很多的美味。

明朝末年，平遙縣有一大戶人家，給母親做壽，宰牛數頭，大宴賓朋，席散人盡，餘下的牛肉還有不少。時值炎炎夏日，擔心牛肉腐壞，有人建議在肉裡加點鹽囤放於地窖試試。數日忙亂，這家人忽又想起地窖裡的牛肉，還好肉色無異，趕緊下鍋煮熟，沒想到色澤更紅豔、香味更濃郁，入口綿軟易化。從此，平遙牛肉的煮製過程中就多了這一道醃製程式，變得別有滋味。清嘉慶皇帝曾贊其為「人間極品」。慈禧西逃嘗其味後，要求年年上貢。

平遙古城建設中的智慧讓人讚歎。平遙人充分利用這座城的特點，讓碱土、鹽坊、牛肉三者之間形成動態平衡系統，保護了古城，又讓各自得以生存發展，真乃聰明之舉。

竹葉青

醫學家傅山改良的祕方

　　文人歷來與酒有緣，三杯兩盞淡酒，便有濃墨重彩的一幅畫卷展開。一篇篇妙詩美賦有如酒槽裡滴出的珍珠，萬里溢香，千年流芳。也正是因為有文人墨客的吟誦，才讓我們可以尋著這蹊徑一探竹葉青曾經的芳醇。

　　竹葉青酒的歷史究竟有多長，即便對於研究酒類的專家也不能詳述。從魏晉時期張協的《七命》開始，關於竹葉青酒的文字就散見於歷代的文人作品中。在唐宋時期竹葉青已經相當普遍，成為上流社會和詩人以及士大夫宴飲的必備佳釀。到了明末清初，山西名士傅山又對竹葉青的配方進行了改進，讓這種酒的保健效果得以完善。

　　明末，山西各地到處都響起反清復明的呼聲。傅山以民族氣節為重，聯絡各地人士，積極投入反清大業。因其有好幾位同學是汾陽人，如今的汾陽市杏花村便成為傅山的一個落腳點。他曾聯絡同學王如金、薛宗周帶領這一帶的山鄉弟子二千多人殺奔晉祠，接應反清義士。

　　清軍入關後，他隱姓埋名，自稱「朱衣道人」，雲遊山西各地，

汾陽杏花村他常來常往。由於多次往返，傅山與許多酒工成了好朋友。一日，傅山看酒工浸泡藥材釀造竹葉青酒，有深厚中醫學基礎和豐富經驗的傅山便教酒工如何浸泡，如何搭配中藥材才能發揮更好的療效。酒工們按他說的方法一試，果然釀出的酒不僅味道芳醇、金黃透亮，醫治經絡疾病的療效也顯著提高。

好的竹葉青酒，微微發綠，泛著金黃。想要釀出這樣的好酒，藥材品質、配伍、產地都很重要。近代，藥材的產地、性質不斷發生改變，汾酒集團對竹葉青酒的配伍祕方也多次加以改進。只有不斷探索改進，才能保證酒的品質、口感不變。

上黨臘驢肉

進貢換來賑災糧

　　要說驢肉，得先說說驢。驢在山西地區的養殖歷史大約在西漢之後。秦朝前，內地人視驢為稀有珍貴動物，供觀賞娛樂。張騫通西域時，驢才從新疆逐漸進入內地。

　　驢是山西歷史上主要的交通工具。八仙中的張果老便有一頭毛驢做代步工具，這位神仙就是唐代的山西交城人。可見，至少在唐初，毛驢在山西已經屬於家畜而非觀賞類動物了。相傳唐明皇李隆基當了皇帝回到潞州大擺宴席時，曾特地要了甩餅和驢肉入席，此後驢肉也算是上黨地區的名吃了。

　　元明時，長治的臘驢肉始有盛名。長治位於「太行天下脊」的上黨腹地，坡陡溝深，山西民歌唱「灰毛驢驢上山，灰毛驢驢下」，驢必不可少，隨之出現了驢戶與驢市。大量老殘之驢被加工食用，逐漸形成了獨特的驢肉加工工藝。

　　明朝，朱元璋之子沈簡王朱模被封於潞州，常獨自遊蕩街巷，最喜吃小攤上的臘驢肉與酥火燒。這位爺吃得香，便想起了皇宮裡的爹媽和親戚朋友，於是挑做得最好吃的驢肉送入了皇宮，沒想到這些人

吃上癮了，到嘉靖帝時，乾脆把臘驢肉列入貢品，這樣吃得更方便。

清光緒三年（1877），山西持續大旱，樹皮草根食盡，餓殍遍野。臘月二十三，潞安（潞州於明嘉靖後稱潞安）知府無力向皇宮進貢，便將府衙內兩頭驢宰殺，特製了一鍋臘驢肉，進貢到皇宮。慈禧太后品嘗後問侍者「何方貢品」，侍者告訴她是潞安府貢品。慈禧百感交集。相傳這位太后出生於長治，屬潞安府。當她聽說潞安府現狀後，下旨特批十二萬石糧食以賑災民。此後，潞州臘驢肉再次被定為皇家貢品。

臘驢肉製作要遵循傳統技法——「九」字訣：肉分九個部位切塊，九個時辰（18個小時）浸泡，九種調料滾煮，再入雙九香草藥老

上黨驢肉餅

湯，壓石塊九個時辰煨燉，最後出鍋九個時辰晾曬。

　　驢肉可作為脾虛腎虧和貧血症患者的輔助食品，民間有「上有龍肉，下有驢肉」之說。

稷山麻花

古戰場遺留的記憶

四世紀至六世紀是中國的南北朝時期，其時政權不穩，戰亂頻繁。山西稷山縣太陽鄉白家莊一帶曾有一處古城，名為玉壁城，在此曾經發生過兩次大戰，玉壁城外七萬餘人喪生，共葬一處。此後，儘管水草肥美，此地卻因戰亂災荒，野獸出沒，毒蠍橫行，住在附近的人們常常被毒蠍蜇傷，凡中毒者，十有半亡。

人們為詛咒蠍毒，在每年的陰曆二月初二，家家戶戶把和好的麵拉成長條，扭作毒蠍尾狀，油炸後吃掉，稱之為「咬蠍尾」。這種油炸食品的出現，也說明山西人很早就掌握了榨油技術。如今的麻花便是從這裡發展出來的，歷代都有人將其推薦給帝王家。

「咬蠍尾」進宮跟唐朝宰相裴耀卿有關。這位唐中期的宰相是位天才兒童，七八歲就會寫文章，青年時代就與一些王族子弟多有往來，常拿家鄉的特產跟他們分享。稷山的「咬蠍尾」便是常常被分享的美食，就這樣，「咬蠍尾」在宰相和王族子弟的提攜下，逐漸成了皇家貢品。

後來稷山又出了一位大官叫姚天福，他與元世祖忽必烈的關係不

錯。姚天福當了刑部尚書（類似於如今最高檢察院檢察長）後，一次家鄉人給他帶去了稷山麻花，他不忘把好吃的推薦給元世祖忽必烈品嘗。稷山麻花又受到皇家青睞。

到了明朝，傳說朱元璋曾在稷山佛峪寺出家，沒少吃當地的麻花。登基當皇帝後他始終沒忘稷山麻花，常食不厭。清代文豪紀曉嵐也好這口。他的岳父曾在稷山當縣令，回京看閨女時總會帶些當地特產，紀曉嵐吃完了還會撰文說說「吃後感」。後來乾隆皇帝江南出巡，紀曉嵐把稷山麻花推薦給乾隆爺。皇帝家的人有個通病，就是碰到好吃的就會要求地方年年上貢，麻花又進了宮。

有人說，大姑娘小媳婦的麻花辮和稷山麻花有關，這就不得而知了，大家猜猜看吧。

「閃塌嘴」

一口下去便知妙處

「閃塌嘴」是慈禧給一種餅起的外號，原名叫糖干爐，是朔州市懷仁縣的名點，該餅早在宋代時便有了。

一九○○年，八國聯軍入侵北京，慈禧太后和光緒帝一路西逃，出了紫禁城直奔山西而來，一路好似難民。農曆七月二十一出了城，到了八月初三，一行人恓恓惶惶到了大同府才吃上了一頓飽飯。歇了兩天，他們從大同到懷仁，一路顛簸，已是饑腸轆轆。地方官趕緊把城內四牌樓一家爐食鋪（過去烤點心的店）生產的「糖干爐」呈上。慈禧見盤中的餅黃澄澄、圓墩墩，拿起來就咬，一口下去，慈禧臉色變了。身旁的李蓮英見了，趕緊問：「老佛爺有何不妥？」慈禧笑道：「此物原有名堂，外實內空，險些閃掉我的牙。」從此之後，這「糖干爐」就有了「閃塌嘴」這麼一個外號。

一般餅子、饅頭之類的蒸烤類食品都是實心的，要不就是包餡的。糖干爐做成空殼，銷售時多半會被人說買賣做得不實誠。其實不然，這餅子做成空心是有緣故的，起初是為了裝軍事情報——這下該佩服發明這種餅的人了吧。

在一千多年前的遼代，有人用這種餅來傳遞軍事情報。懷仁這一帶向來是邊塞重鎮，用這種遮人耳目的方式傳遞情報，著實讓人讚歎。

烙製這種餅子用的是紅糖、胡麻油，有人說紅糖是「東方的巧克力」，比白糖更養人，而胡麻油的營養價值也很高。新中國成立後，周恩來陪著美國總統到懷仁時也品嘗過糖干爐。總統有沒有也被「閃塌嘴」閃了一下，就無從記載了，但憑想像吧。

福同惠

柳暗花明創出的老字號

　　學會文武藝，賣與帝王家。吳耕耘十年苦讀終於金榜題名，熬到清廷給了他個河東候補道臺的位置。可陰錯陽差，本是宦遊人卻做了買賣家，河東大地也因此多了家福同惠糕點鋪。

　　乾隆末年，江蘇吳江人吳耕耘帶著妻兒家僕從江蘇一路來到山西。河東道臺是個肥缺，和珅的族孫景安曾在此地任職，剛剛離任不久，準備安插自己的親信。吳耕耘一介書生，又非滿人，也不屬於和珅一派，等了一年多也候補不到位置上。

　　老百姓說，就算有金山銀山也怕坐吃山空。吳耕耘開始犯起了愁，跟隨吳耕耘來的家廚呂廣福出了個主意，建議做點南方點心賣，貼補一下。進退為難中，吳耕耘長歎一聲說：「如今山窮水盡，那就不妨試一試吧！」

　　糕點做好，一上街就被搶購一空。江南點心的精緻吸引了河東人，很快吳家賣的點心就火了。吳耕耘歡喜異常，決定棄官從商，從蘇州請來糕點名師，調整配方，創出了既保留南方特色又適合北方口味的「南式細點」，大受歡迎。這年中秋，吳耕耘與一同從江南來到

山西的鄉人賞月，他深深感謝陪著他的家人和幫他渡過難關的家僕，便做出了一個決定，把賣糕餅的利潤倒四六開，自己拿四成，其餘人拿六成。其他人聽了都不同意，雙方你推我讓，相持不下。吳夫人笑著勸道：「大家別再推讓了，就這麼分吧，今後我們就是一家人了，各位師傅都為小店出了力，我們應該有福同享，共受其惠啊！」吳耕耘聽了這話，便提議給糕餅店起名「福同惠」。

　　福同惠的點心出名後，吳耕耘擔心窮苦百姓吃不起，便規定店裡零買整稱皆可，還規定每月初一第一位光顧的客人可免費帶走一斤店裡的細點。「福同惠」逐漸成了河東人探親訪友、象徵福氣的上等禮品，二百餘年來深受歡迎，如今生意已遍布山西大地。

福同惠糕點

平陸百合

皇家貢品解病愁

平陸地處中條山麓，很早的時候這裡的百合就被發現有藥用價值，二千多年前的《神農本草經》中便記錄有潤肺止咳、清心安神、治肺疾久咳、陰虛咯血等功效。當年李淵遭到半路伏擊後，正是它的這種藥用功效，救了其夫人竇氏一命。

隋朝仁壽年間，李淵遭到朝中讒言陷害被貶，於是攜家眷離開都城前往山西。朝中奸人聞知，派軍中高手扮作響馬賊，藏於李淵必經之地的叢林中。李淵半路遭到奸人追殺，攜家眷逃亡至中條山之陽的杜馬原。李淵的夫人雖說從小非同一般女子，見識超群，但當時李世民、李玄霸都尚年幼，半路遭遇高手截殺，長時間的驚嚇使李夫人心神不齊，昏迷不醒。一位元老中醫看到這情況，就用當地野生的百合熬成湯給李淵夫人服用。一天過後，李夫人慢慢清醒，幾天後面色紅潤，食欲有加，身體大為好轉。

唐貞觀十一年（637），太宗李世民出遊陝州，想起當年遇難之事，特意到大陽縣（今山西平陸縣，唐初屬蒲州，627年改屬陝州）故地重遊。他品嘗當地百合後，將其定為皇家貢品。明萬曆年間，平

陸百姓開始栽培種植百合，直到清代平陸百合都屬於當地特產，為皇家享用，均被記入縣志。

一九三五年一月八日魯迅在他的日記中寫道：「下午得王冶秋從山西運城寄贈之糟蛋十枚、百合八個。」魯迅長期患有肺結核，晚年愈加嚴重，故王冶秋（新中國成立後曾任國家文物局局長）特選當地上好的百合，千里迢迢寄往上海，給魯迅先生補養治病。關於所贈的百合，應該便是有「中條人參」美譽的平陸百合。

郭杜林

好吃全靠「太極手」

「郭杜林」聽著像人的名字，其實是一種餅，跟三個分別姓郭、杜、林的人有關係，是這三個人偶然間發明出的一種糕餅，至今已有三百多年歷史，是百年老字號雙合成餅店的掌上明珠。

一六三八年，太原城內一家糕餅鋪的郭姓、杜姓、林姓師徒三人專做唐餅（一種糕餅）營生，到中秋時節，糕餅鋪也烤製大量的月餅銷售，此時，買賣比平日好很多倍，尤其是城裡商戶們定製了大量月餅。做餅的師傅們忙得顧不上喝水吃飯，睡覺也是打個盹。有一天，師徒乘興喝了兩盅，一覺睡過了點，和好的麵開始發酵。咋辦？師徒三人試著按照蒸饅頭的辦法，往發酵的麵裡和了油、碱和生麵粉，包上了玫瑰青紅絲的餡料，在爐火裡烤得兩面金黃。沒想到，這餅酥軟綿甜比原來還好吃，成了搶手貨。賣東西總得有個名稱不是？於是師徒三人把自己的姓一組合，就做了餅的名字。瞭解這餅來歷的人，還給它起了個有趣的別名叫「醉餅」。

郭杜林跟清末那位愛吃的太后也有關係。當年慈禧西逃到太原，又開始擺起了太后的譜。出逃時不曾帶製點心的御廚，於是山西巡撫

告知太原府內各家餅店進獻糕點、名餅。郭杜林餅入選，作為壓軸點心呈上，慈禧嘗後大加讚賞。慈禧在太原期間，郭杜林餅便成了每日必上的點心貢品。回京後，慈禧欽點郭杜林餅為貢品。自此，晉省要員以及商賈大戶皆以食用郭杜林餅為榮。百姓自然跟風，逢年過節送郭杜林那是非常有面子的。

如今，百年老店雙合成的郭杜林月餅製作技藝已經列入了國家非物質文化遺產保護名錄，是晉式糕餅的代表。

郭杜林製作中，關鍵是製麵，其中揉麵這道工序非常講究，雙手要始終按一定方向運作，融按、揉、推為一體，俗稱「太極手」。揉麵不僅需要嫻熟的手感，還得有敏銳的悟性，這是郭杜林月餅製作的獨門絕技。

黃芪

治癒胡適的消渴症

在中藥裡，首屈一指的補氣藥是黃芪。

黃芪入藥已有悠久的歷史，最早可以追溯到漢代以前。黃芪用途十分廣泛，有人曾經把中國的古藥方用電腦進行統計處理，篩選出二十五味最常用的中藥，黃芪排在第十一位。應用範圍涉及內、外、婦、兒、五官、骨傷科等，有一藥多能的美譽。

中國著名學者、新文化運動代表人物之一的胡適對黃芪非常推崇。一九二〇年胡適（時任北大校長）得了消渴症，也就是西醫說的糖尿病，不僅胸痹還伴有水腫。一朋友建議他服中藥試試，胡認為「中醫無科學系統，殊難信用」。經友一再勸說，胡勉強答應試試，於是求醫於北京名醫陸仲安（人稱「陸黃芪」）。陸給胡適開了黃芪湯，胡適服藥後病好了。後來，胡適的朋友馬幼漁（時任北大國文系主任）的弟弟得了水腫病，腿腫得很厲害，眼睛睜不開，找了很多醫生看都沒有效果，胡適推薦找陸仲安看病。陸仍用黃芪，不出百日也治好了。

從此胡適改變了對中醫的看法，尤其喜歡黃芪，勞累的時候，經

常用黃芪泡水，代茶飲用，感覺精力倍增。他還把這個訣竅告訴北大的其他老教授，並到處呼籲要研究黃芪這個藥。這在當時成為轟動全國的新聞，對當年國民政府停止執行廢除中醫的法令起了很大的作用。

黃芪，也為黃耆。李時珍在《本草綱目》中說：「耆，長也，黃耆色黃，為補藥之長，故名。」近代生化分析研究發現，黃芪含有豐富的微量元素——硒。硒對人體來說是非常重要的，它能提高機體對疾病的抵抗能力，延緩細胞衰老，近年又發現它有抗癌防癌的功效。

因黃芪產自北方，也稱作「北芪」。早在一千五百多年前的北魏時期，恆山上便有了采刨黃芪入藥的歷史。從清代起渾源黃芪作為貢品上貢朝廷。中國藥典也闡明黃芪產地位於渾源，因此渾源也被譽為「正北芪之鄉」。

神池月餅

半年不壞　康熙稱奇

　　月餅，自然是中秋時不可或缺的食品。如果做得多了，再多吃半月二十天，也正常。可是神池的月餅，過了中秋，留到第二年春節之後還能吃。人們不禁心裡犯嘀咕：這月餅沒壞？

　　早在三百多年前，康熙皇帝也有此疑問。康熙當皇帝的第三十六個年頭，準備對不服朝廷管理的蒙古準噶爾部進行第三次征剿。康熙三十六年（1697），剛剛過了正月，年味還沒飄遠，康熙就御駕親征了。

　　農曆二月初六，也就是二月二十四日，康熙出了北京城。三月十五日，他帶領大軍到了今天的神池縣義井村。這天是農曆的二月廿四，正好趕上十里八村的人們聚到此地趕集。人們在集會上購買春耕物資、生活用品，熱鬧非凡。康熙趁著短暫的休息也到集市上去轉轉。他發現，一些趕集的商人自帶乾糧，看著很像月餅。一打聽，果然是在年前中秋時烤的月餅。康熙很納悶，這都半年多了，月餅還沒長毛？隨行的當地官員趕緊解釋，這種月餅是用當地的神油以及神水和了小麥粉做成的，做好的餅放入瓷甕中保存，就是放好幾年都不

壞。康熙嘗了嘗果然沒有異味，依然酥軟甜香。

所謂的神油，就是當地產的胡麻油；神水，即是當地的岩溶泉水。除了油和水之外，神池月餅的烤製方法也很特別，必須是上下火，即座下生炭火，蓋上亦生炭火，下座不動，上蓋用鐵鍊懸掛於上方支撐點來回移動。上下火一定要適中，不然非生即焦。舊時把製作月餅的配料人及看爐人均稱師傅，由師傅的稱謂也不難看出其中的技術含量。

如今，神池月餅已經列入國家非物質文化遺產名錄，當地每年中秋都舉辦神池月餅文化節，一塊小小的月餅成就了當地的一個文化產業。

神池月餅

汾州核桃

兩百年前的出口貨物

核桃不僅是一種優良的乾果，核桃木還是優良的室內裝修材料。核桃，原名胡桃，據說是張騫出使西域時帶回的品種，其種植歷史已有二千多年。

早在清咸豐十一年（1861），山西便有了核桃出口的記錄。在隨後的二百多年裡，汾州核桃是山西對外貿易中響噹噹的一個品牌。

汾州核桃產地位於呂梁山東麓的黃土丘陵地帶，包括汾陽、孝義、交口等縣市的五百多個自然村。因上述縣、市明清時期都在汾州府的行政區劃內，而中心產區又在今汾陽市，因此被命名為「汾州核桃」。

汾州核桃的栽種歷史已無準確記載。如今在汾陽市楊家莊鎮的南焉溝還有一株上千年的核桃樹。相傳，隋末唐初名將尉遲恭率兵攻打汾州府毗鄰的孝義縣白壁關時，曾在此安營紮寨，短暫停留。當時正值六月，尉遲將軍便是坐在這株濃蔭蔽日的核桃樹下與部下商討軍情的。

山西種植核桃樹的歷史從另一種實物中可以間接得到印證──那就是核桃木傢俱。核桃木是優質的傢俱用料，成材期為五十年至一百年，核桃樹到晚年以後結果率低，便會自然淘汰，被用於製作傢俱。

　　核桃木傢俱幾乎是山西獨有，以核桃木製作的傢俱也被稱為「晉作傢俱」。在明代，山西晉商家中使用的便大多都是核桃木傢俱，一些普通家庭經濟富裕之後，也喜歡打一套核桃木傢俱。

　　悠久的種植歷史，優良的果肉品質，讓汾州核桃聞名天下。二〇一三年七月，汾陽市以一個縣級市的身分承辦了第七屆世界核桃大會，這也說明了汾州核桃的國際知名度。

汾陽核桃

安宮牛黃丸

救人於急難

二〇〇二年五月，香港鳳凰衛視女主播劉海若在英國發生交通事故，陷入深度昏迷，被當地醫院宣布腦死亡。生死一線時，主治醫生為其開出含有安宮牛黃丸的處方，用藥兩周後，劉海若竟然奇跡般蘇醒。安宮牛黃丸的神奇療效一時間引發轟動。其實，安宮牛黃丸早在清代時就已經問世，以救危重於急難而名聲大振。

清乾隆五十八年（1793），北京城鬧瘟疫，很多人死於庸醫之手。溫病醫學家吳瑭把牛黃清心丸加減化裁，創制了安宮牛黃丸，救活了很多危重病人。安宮牛黃丸一出世便療效神奇，博得了「救急症於即時，挽垂危於頃刻」的美稱。

太谷廣升遠（廣譽遠前身）藥店生產安宮牛黃丸是從清光緒十一年（1885）開始的。這是一家創建於明嘉靖二十年（1541）的製藥企業，是中國有文字記載的最早的民營藥店，迄今已近五百年。

到了民國時期，國內進口中藥材生意一度被廣升遠壟斷，所有進口藥材都只能通過廣升遠進行購買。「遠」字牌安宮牛黃丸從選料、炮製、加工等都進行了改進，藥效達到最佳，成為市場上最受認可的

急救國藥品牌。

中藥講究君臣佐使，安宮牛黃丸組方中以牛黃、麝香為君藥，以犀角、黃芩、黃連、山梔、冰片、郁金為臣藥。它們共同作用從而達到改善腦缺血、缺氧狀態，修復受損神經系統，對腦神經細胞有明顯的保護作用。目前，安宮牛黃丸已廣泛應用於中風、腦炎、腦損傷、腦出血等各種疾病的急救。事實上，安宮牛黃丸的妙用不僅在於急救，有心腦血管病症狀的人每年驚蟄和立冬服用一到兩顆，對養生和保健頗有良效。

拉麵

唐朝開始專供「壽星」

拉麵，山西人最喜歡過生日時吃，謂之「長壽麵」。

過生日吃拉麵的習俗唐朝已有。《新唐書‧王皇后傳》中便提到過用拉麵祝壽的事。王皇后是唐玄宗的髮妻，唐玄宗還是臨淄王時，便經父母之命、媒妁之言娶了王氏——一位武官的女兒。後來王氏當了皇后，膝下一直沒有子女，面對三千佳麗的威脅，心中惴惴不安，與人爭風吃醋，以致唐玄宗要廢后。這時王皇后就哭訴：「陛下獨不念阿忠（王皇后父親）脫紫半臂易斗麵，為生日湯餅耶？」這話的意思是說：你忘了你還沒發達時，我父親脫下衣服換麵給你做生日長壽麵嗎？這番憶苦思甜起了作用，廢后的事情暫且放了下來。可惜後來王皇后還是受人唆使，在宮中使用了巫蠱之術，最終丟掉了后位。

據說唐玄宗時期，這種湯餅的做法是和軟麵團，用刀切條，將條拉細、拉長後落鍋煮熟食用，民間至今保留此法，稱之為「小拉麵」。

王皇后出自太原王氏，就算是在武則天、中宗時期家道不是很殷實，但王皇后的父親也絕對不可能淪落到要用自己的衣服換斗麵的程

度。

　　且不考慮這事真假，但這至少說明唐代已將小拉麵作為生日長壽麵製作和食用了。後來，這種製麵的技藝隨著交城玄中寺的淨土宗東傳日本，成為日本拉麵技術的基礎。據說，元代時馬可·波羅訪太原後將這種拉麵技術帶回義大利，成就了今天的義大利通心粉。

刀削麵

化腐朽為神奇的傑作

刀削麵被列為中華五大麵食之首，也是山西四大麵食之一，因以刀削而成，故名。

「一葉落鍋一葉飄，一葉離麵又出刀。銀魚落水翻白浪，柳葉乘風下樹梢」，這是詩人對刀削麵製作場景的描述，聽起來做刀削麵是件瀟灑寫意的事。不過，刀削麵的來歷，卻一點都不瀟灑。

相傳一二二二年，元朝大將木華黎率領數萬騎兵攻占太原，百姓以廚刀為武器抵抗掠奪。為防「漢民」造反，元朝在太原一帶實施苛刻的「限刀」政策：規定十戶一把廚刀，切菜做飯輪流使用，用後再交回。一天，王老漢去取廚刀，可是去晚了，已經有人先拿走了，還有不少人排隊，王老漢想著乾脆回家等吧。過去，山西人家的房子都有門檻，為了耐磨，門檻都拿鐵皮包裹著。王老漢從領刀的地方往外走時，門檻上一塊將要掉下來的薄鐵皮被悶悶不樂的老漢踢了下來。老漢見四下無人就悄悄撿起鐵皮來揣到了懷裡。

回了家，鍋裡的水開著，可是沒法下麵，老漢心裡窩火，便往門口一蹲，懷裡的鐵片子順勢跌了出來。老漢一激靈，拿這鐵片子切麵

不知道成不？於是就讓老伴用鐵皮切，可是鐵片子太軟，又沒刃，沒法切。老婆婆抱怨了幾句嫌老頭去晚了。老婆婆的嘮叨把王老漢說火了，他隨口說：「不能切，就砍，還不信砍不下來。」沒想到砍出來的麵條煮熟撈出來，澆上滷料，吃得挺有嚼頭，比麵條還香。

刀削麵製作表演

「砍」麵的做法一傳十、十傳百，逐漸家家都會了。到了明朝，這種「砍麵」又被稱為「托掌麵」，不僅家庭製作，也流傳到市肆攤點經營，逐漸演變成現在獨樹一幟的刀削麵製作技藝。

　　後來製作刀削麵還有了觀賞性，表演飛刀削麵有三絕：一快，每分鐘削出二百根以上，令人眼花繚亂；二準，一點五米外放一個盤子，削麵根根入內；三奇，表演者頭頂麵團雙手舞削，更有人腳踏獨輪車表演，令人讚歎。

　　麵食在山西人手裡不僅僅是吃的藝術，還可以是欣賞的藝術。

餄餎

河漏改名　事關河道治理

有一年，康熙皇帝突然搞了一次全國飲食摸底排查工程，派專人對全國風味小吃進行統計上報，山西的「河漏」也被作為其中一種風味食品上報了朝廷。當康熙看到「河漏」時，因其名字古怪而格外注意，遂命人做一碗嘗嘗。康熙吃後對其獨特的風味讚不絕口。

「河漏」這個名比較特別，是如何來的呢？據說這與北齊開國皇帝高洋有關。高洋在太原稱帝後，他兒子要過生日，便邀請王公大臣們來赴湯餅（象徵長壽的湯麵）宴。湯餅做起來太慢，人多了做不出來啊。御廚便想了個辦法，把麵放於床洞上壓，效果出奇的好。

御廚用的「床」這個物件，不是我們現在睡覺的床，而是一種可以坐的傢俱，是古代遊牧民族使用的，後傳到中原地區，被叫做胡床，睡覺的傢俱在古代叫榻。山西現在一些地方的方言仍管凳子叫「床床」，這種叫法就是古代遺留下來的。在漢代時，家家都有一種叫「火爐床」的物件，估計當時這位廚師靈機一動，就把這種「火爐床」當成壓麵工具了。

一開始，用這種「床」做出來的麵叫「促律忽塔」，完全是根據

壓麵時發出的聲響而起的名。後來因架床於鍋，如同麵漏入河中，便叫了「河漏」，也有地方叫「河撈」。後來人們又發明改造了「河漏床」這種加工麵食的專用工具，沿用至今。

經過一千多年，直到康熙皇帝發現這個麵的名字特殊，生出好奇心，又因這面的名字「河漏」的諧音與治理河道不協調，他才揮筆把「河漏」改成了「餄餎」。

餄餎麵

「剔八姑」

李世姑綿山獨創一絕

　　山西的麵食品種豐富，一般家庭中，半月二十天吃的麵可以不重樣。做麵的第一道程式是和麵，麵的軟硬往往決定了吃什麼麵，這一向都是靠主婦們的經驗來掌握。

　　唐朝貞觀年間，八百里秦川大旱三年，顆粒無收，急得皇上李世民一籌莫展。丞相魏徵聽說山西定陽（介休古地名）古郡綿山上有一位得道高僧名喚田善友，建議李世民去綿山祈雨。李世民祈雨果然有效，大雨傾盆而至，救活了莊稼。唐王李世民為報田善友救民之恩，特帶領滿朝文武再次到綿山朝聖。他有一個妹妹名喚世姑，也隨同前往。豈料世姑到達綿山之後即拜綿山五龍聖母為師，不願再返回長安。

　　世姑在綿山一邊誦經修行，一邊上山采藥為鄉民醫病。一日，她為一老婆婆一邊配藥治病，一邊做飯。自幼生長在皇宮的世姑，和麵時麵乾了加水，水多了添麵，終究和成了稀糊糊，實在無法下鍋。於是她順手拿了一隻筷子往鍋裡拔麵。老婆婆吃飯時，順口問了一聲：「孩子，這叫什麼？」世姑心慌怕露出破綻，將「這」字誤聽成了

「你」字。此時，她已身入空門，不願再說出真名，於是將乳名說了出來「叫八姑」。從此，介休就有了「剔八姑」這種麵食。

「剔八姑」經過介休人的改良和發明，又衍生出了「刀八姑」和「碗八姑」，還有「盆八姑」。現在很多地方把這種做法做出的麵叫「剔尖」。不過在介休、孝義、汾陽一帶還有人把這種麵叫「剔八姑」。

在山西，吃麵是件普通的事，可是吃麵又被人們賦予了很多意義。當形容一個人軟弱時說：「你看那人軟得和剔尖一樣。」形容一個人狂傲時說：「不知道你能吃幾碗乾麵。」山西人在生活中創造了麵食文化，麵食也成為山西文化中的一部分。

潞綢

沈王與織造　潞綢「衣天下」

　　說到絲綢，最先想到的便是蘇杭。時光倒流一百六十年，你若問咸豐皇帝，給小皇子做被褥挑哪家的綢緞料子，得到的答案一定不是江南的綢緞。

　　一八五五年，咸豐的懿嬪，後來的慈禧太后，懷了龍子，咸豐皇帝下令內務府準備春綢七丈五尺一寸、潞綢八丈一尺三寸給未出生的小皇子做衣服被褥。咸豐說的潞綢便是產於山西的綢緞。

　　潞綢，是山西絲綢業鼎盛時期的代表，產於上黨長平（主要是今天的高平）一帶，曾與杭緞、蜀錦齊名，屬中國三大名綢之一。

　　上古炎帝農耕時期，地處太行山脈的高平就已經開創了栽桑養蠶的歷史。從隋朝起，潞綢已成為山西州府向朝廷進貢的主要物品。據《山西通志》記載，早在盛唐時期，山西的絲與綢就已在「絲綢之路」通行，且山西人還在西域諸國（阿拉伯地區）傳授繰絲織綢技術。

　　明朝初期，明太祖朱元璋第二十一子沈王朱模就藩於潞安府後，在山西設立織染局，主管為皇家織造潞綢（因潞安府而得名），提倡

農桑並重，規定每戶種桑二百株，若完不成者，令其補種或者加倍處罰，上黨之地的蠶桑生產得到迅猛發展，潞州絲織業盛極一時。萬曆年間，潞綢發展到鼎盛時期，明定陵萬曆孝靖皇后棺內曾出土過一匹「紅色竹梅紋潞綢」，可見潞綢頗受皇家青睞。

除了作為皇家貢品，被王宮貴族青睞，潞綢在明清時期的市場占有率非常高，達到了「士庶皆得為衣」的程度。

到明中後期，因自然條件和社會環境發生變化，潞綢的生產出現成本過高、機戶無法承擔的情況，最終在一六六〇年潞安府機戶做出慘烈之舉——「焚機罷市」。儘管隨後朝廷採取了補救措施，但為時已晚，潞綢逐漸衰落下去。直到光緒八年（1882），經中丞張之洞專折奏請，長治不再向朝廷上供潞綢，潞綢從此淡出人們的視野。

今在高平市建有潞綢文化園，展示著潞綢過去的輝煌，也講述著潞綢傳人們正在進行的不懈努力。

樂舞社火

秦王破陣樂

大唐閱兵舞曲風靡世界

大唐時期，中華文明為世人所仰慕，就連大唐的樂舞也風靡海外。

唐玄奘印度取經時，拘摩羅王便向玄奘打聽過一支舞曲。拘摩羅王說：「印度好多地方都在傳唱天朝的一支歌──《秦王破陣樂》，這是印度現在最為流行的一首外國歌曲。我聽了以後，覺得這個音樂很棒，摩訶支那國（印度語，對中國的稱呼）就是師父您的故鄉嗎？」玄奘自豪地回答：「是，這支曲子就來自我的家鄉。它是讚美我的君主和他那偉大的道德和功勳的。」拘摩羅王當即表達了希望能夠前往天朝朝貢的心願。之後，拘摩羅王的確達成了自己的心願。

拘摩羅王所說的這支《秦王破陣樂》本是大唐時期的宮廷樂舞，最初是絳州百姓賀秦王李世民凱旋之時奏響的得勝歌。

相傳，唐武德三年（620），秦王李世民率領唐軍大破劉武周，收復並州、汾州兩地。河東（今運城一帶）百姓載歌載舞歡慶勝利，將士們以當地的舊曲填入新詞，為李世民唱讚歌：「受律辭元首，相將討叛臣。咸歌《破陣樂》，共賞太平人……」後李世民對此曲進行

了改革創新，成為一首大唐閱兵時的軍樂。

唐太宗李世民登基第一年，貞觀元年（627）正月初三，大宴群臣，奏《秦王破陣樂》。貞觀七年（633），李世民又繪製了《秦王破陣樂舞圖》，請音樂家和朝中的大臣重新譜曲填詞，並依照舞圖排練，遂成後世流傳的《秦王破陣樂》。在唐代，大宴群臣、招待外國友人，或與少數民族結盟等活動中都會奏響此曲，配合著穿甲持戟的舞者，聲勢浩大地做一番表演。此時的《秦王破陣樂》有現代閱兵的味道，有展示軍威的效果。

現今，新絳不但有擂鼓臺存在，還有《小秦王亂點兵》《唐王出城》等鑼鼓曲牌流行，曾多次在國家重大活動中表演。馮驥才曾讚譽說：「這鼓聲，是我們大地心跳的聲音，是我們民族生命深處的聲音。」

翼城花鼓

奔放的節奏感染太后

翼城花鼓的外觀跟一般的鼓不同，像是一個精心裝扮的女子，紮了大紅的流蘇，鼓身描金繡鳳，油漆彩畫，看上去精緻、漂亮，更像一個藝術品。

讓你驚歎的是，翼城花鼓一舞起來便帶著一股熱辣辣的情感，勾走你全部的注意力。鼓者的頭頂、肩背、手肘、腰間、膝上、腳踝等多處都綁著大大小小的鼓，在跳躍舞蹈中敲出歡快的鼓點，就像打在人的腰眼上，讓你忍不住想隨著節奏舞起來。五百年前，這火辣辣的翼城花鼓便在鬧元宵的諸多表演中脫穎而出，博得了明朝李太后的喜愛。

李太后是明朝萬曆皇帝的親生母親，據說這位李太后的祖籍是山西翼城，在其父親過世後，回翼城探鄉祭祖，恰逢元宵鬧紅火，觀看了當地社火表演。也許是翼城花鼓那熱烈的舞動、歡快的節奏驅散了心頭的沉重，她當場就獎賞了表演者三千兩白銀。這件事被記錄在當地的史志中。

一位翼城的老藝人說，翼城花鼓的歷史非常久遠，他家已有三十

打花鼓

多代打花鼓的歷史，家裡曾經有一塊燒錄著花鼓唱詞的匾，落款是唐貞觀三年正月初十日。一些出土的文物上也曾有類似翼城花鼓的圖像，侯馬出土的東周時期的陶片就有女子打細腰鼓的「速寫」，圖中的細腰鼓與現在花鼓中「胸鼓」和「腰鼓」所掛位置基本一致。雖不能說這就是翼城花鼓的起源，但和花鼓肯定有著千絲萬縷的聯繫。

「打起花鼓慶豐收，打起花鼓把年過，打起花鼓娶媳婦，打起花鼓鬧滿月，天黑打到公雞叫，天亮打到日頭落，一時不聽花鼓聲，涼水盆裡著了火。」這首流傳在翼城的民諺告訴人們，打花鼓是他們生活中不能缺少的部分，打花鼓是他們熱烈情感的釋放方式。

尉村鼓車賽

兩千七百年前的戰車訓練

　　每年農曆三月十六是襄汾尉村的鼓車節。這種民俗活動脫胎於二千七百多年前的軍事訓練，是從春秋時期的車戰演化而來的。

　　尉村位於襄汾縣西部姑射山腳下，原名「鄂公堡」，與中國歷史上兩位鄂公都有關係。一位是西元前七二三年至前七一八年在位六年的晉鄂公；第二位鄂公是唐朝的尉遲敬德，他在唐初被封為鄂國公。

　　西元前七一八年，戰敗的晉鄂公不得已逃至鄂邑（今山西鄉寧縣與尉村接壤處）。為鞏固流亡政權，防禦政敵追剿，晉鄂公在山下要衝，今尉村北門處構築了城堡，因而，尉村起初名「鄂公堡」。晉鄂公於西元前七一八年去世，鄂公堡的駐軍也就演變為平民。擂鼓進軍的演練形式逐漸演化為一種民間賽事。到唐朝時，尉遲敬德在此地駐兵屯田，當地的鼓車文化得以發揚光大。

　　鼓車由鼓和車組成，重約一點五噸，車身類似古代戰車，車軸取材於槐木或榆樹，車輪、車輻木製鑲鐵，車長四米，車廂寬一米；鼓直徑近二米、高近一米，鼓面圖案各異。鼓皮正面用公牛皮，背面用母牛皮，象徵陰陽和合；鼓邊有二〇八枚圓形鉚釘。整個鼓車設計出

自古老的《易經》理論。

比賽時，村裡分為六個院，也就是六組參賽隊。分別為後院八卦鼓、西北院二龍戲珠鼓、東院角端鼓、南院秦瓊打虎鼓、廟巷和合二仙鼓、西北院鼓。跑鼓車的拉車規則為一位元腿長善跑、經驗豐富的壯年漢子在轅中撐轅，兩位機靈體健者在兩旁抱轅，十幾至數十位青壯年在前邊拽著直徑三十釐米以上的環形梢繩，拉著鼓車奮力奔跑。

比賽的賽道稱「鼓車圈」，為一個方形街巷。比賽時，東南、西北對角上各停一輛鼓車，另兩個對角上燃炮發令後，比賽開始，一般是一方追上另一方為勝出者，經過淘汰賽、半決賽，最後通過決賽決出勝利者。

比賽開始後，擂鼓助威聲、搖旗吶喊聲，確實振奮人心，觀者無不歡聲雷動，全情投入。據傳在清光緒年間，村裡兩支參加決賽的隊伍相互不服氣，一路賽到了今河南白馬寺，盤纏用盡，只好把鼓抵押在當地才回了原籍。

如今從這項流傳在民間的活動中，你還能聯想出當年旌旗招展、吶喊廝殺的激烈場面。

元宵旺火

正月裡迎神祭天思女媧

　　每年春節到元宵節這段時間，在陽泉的平定、朔州的懷仁等地皆可以看到一種特殊的社火形式——旺火，也稱「火塔子」「塔火」等。

　　平定塔火，用黃土和成泥與磚疊砌成高約一點五米、直徑零點五米左右的圓柱形，形如棒槌。棒槌上再掏挖出幾十個圓孔，「棒槌」內裝炭塊，點燃後，燃燒的火苗就從這圓孔裡噴出，當地也叫「棒槌火」。平定塔火一般在元宵節的前三天開始準備和進行。據說，這是為了紀念女媧曾在此地的東浮山煉石補天。

　　平定東浮山的岩石與別處不同，如多孔的海綿，很輕，赤褐色，入水不沉，當地人叫它「浮石」。與東浮山相對還有一座西浮山，現在壽陽縣境內。相傳東、西浮山都是女媧煉石倒出來的爐渣。當然傳說畢竟是傳說，根據地質考證，東、西浮山其實是一個古火山噴發遺留的火山堆。明代時有學者專門研究了平定塔火習俗，認為煤的發現與這種習俗之間有一定的關係，女媧煉五色石補天有可能是人類燒煤的開始。

　　懷仁旺火則乾脆把煤炭像石頭一樣一層層疊砌起來點燃，外地人

見了說壘旺火，本地人則說籠旺火。籠和壘差別很大，籠火，意為用柴引火使煤炭燃燒。百姓雖不是文字學家，用詞卻是生動準確的。

有學者考證，旺火這種年俗脫胎於三千多年前周朝燔柴升煙的祭天儀式。懷仁當地傳說，旺火在正月初一五更接神時點燃，天神會在旺火的指引下降落人間。旺火上所貼文字內容固定為「旺氣沖天」，均是升煙降神意義的傳承。

在煤還未被大量開採利用時，旺火是用柴的，也無一定形狀。煤被大量利用後，煤炭成為籠旺火的唯一材料。點「旺火」的習俗全國都曾有過，後其餘各地逐漸消失，唯獨在山西得以完整保存，這與山西煤炭資源豐富有一定的關係。

民間講究在旺火上烤饃饃吃，在旺火前熏烤一下新衣服，都意在消災祛病。將街頭的旺火接到自家爐灶內，預示新年家庭興旺、財源茂盛。旺火，是迎神祭天的傳統習俗，也是人們點燃的新年希望。

平定迓鼓

北宋將士軍中的娛樂生活

迓鼓，北宋年間的樂曲名稱，一○七三年左右由北宋一名叫王韶的將軍創作，是為了給邊防士兵的生活增加一些娛樂元素。

一○七三年，經過兩年的戰爭，王韶率軍在今甘肅慶陽一帶大敗西夏軍，為北宋朝廷奪得了西夏二千多里土地，史稱「熙河之役」。經過這場戰鬥，北宋和西夏的邊陲獲得了短暫的安寧。

遠離故土，戍邊將士的生活自然是單調的。王韶便在講武之余，教軍士們進行一種娛樂表演，後稱為迓鼓戲。王韶是一位頗有軍事天賦的文人，北宋初年高中進士，寫詞作曲，不在話下。為了豐富士兵們的業餘生活，他便根據一些戰爭實例編寫了曲子，且歌且舞，又在舞蹈中融入了作戰技能訓練等內容，增加了訓練的趣味性，士兵的戍邊生活也變得豐富起來。

相傳，一次兩軍對壘，王韶把這種舞蹈融入作戰陣法，讓軍中百餘名戰士偽裝成表演隊伍突然出現在兩軍陣前，西夏軍隊見此一隊載歌載舞的表演出現在陣前，很是吃驚，還沒弄明白怎麼回事，迓鼓隊就變成了作戰陣性。王韶帶領的軍隊出其不意，大獲全勝。

後兩國停戰，戍邊將士解甲歸田。追隨王韶征戰的士兵中有很多是山西人，他們把迓鼓這種表演形式從軍中帶到了民間，山西也就成為迓鼓最早傳入的地區。

迓鼓，後來發展出文迓鼓、武迓鼓、丑迓鼓等。傳統的武迓鼓由二十一人演奏成套的古典鑼鼓曲牌，每人各操一件打擊樂器，演員身著特製的服飾，背插單旗，胸挽八寶繩花，表演套路眾多的舞蹈和陣法，能夠原汁原味地展現出當年軍中訓練的場面。

迓鼓今流行於陽泉、平定、盂縣、昔陽、和順等市縣。清代時，平定已有文、武、丑三種迓鼓。至今，文、武迓鼓仍然流傳於世。在民間大型廟會、祈雨迎神中，武迓鼓的表演更多些，而且屬於眾多表演中的重頭戲。

原平鳳秧歌

隨薛仁貴東渡的軍隊舞蹈

鳳秧歌，也稱「瘋秧歌」，是原平市北賈村獨有的一種民間歌舞形式，這種叫法與表演隊伍中的一個角色有關，也許還與一段久遠的故事有關。

原平鳳秧歌的表演中最為特別的是男性舞者頭戴一頂「竹圈草帽」，表演時既要把帽子上的竹圈甩出環繞動作，又要敲響腰間的花鼓。這種表演風格與朝鮮族以及韓國等地的「象帽舞」有異曲同工之處，據韓國記載其象帽舞始於唐代。

唐太宗、唐高宗時，唐朝大軍都曾進入過朝鮮半島。六六八年，唐軍攻陷高麗首都平壤城，後在這裡設了安東都護府，薛仁貴為安東都護，鎮守平壤。薛仁貴乃山西河津人，其軍隊在原平一帶駐紮過，軍中不乏會表演鳳秧歌的人。韓國的象帽舞有可能就是這些唐朝將士帶過去的。

新中國成立前，鳳秧歌表演時帽子上甩動的並不是竹圈而是柳條，朝鮮半島沒有滹沱河邊生長的富有彈性的柳條，所以用紅綢代替也是順理成章的事。

據考證，原平鳳秧歌的舞步極富唐代歌舞特徵，與敦煌莫高窟壁畫中的舞姿類似，這說明鳳秧歌在唐代就已經是一個比較成熟的藝術表演形式，那麼它的起源應該更早。

相傳，鳳秧歌與秦時修長城有關。當時為修長城，遍征民役，有一家老小為避苦役，裝瘋賣傻逃出城外，後有人仿效其舉動，遂成民間表演形式。

在鳳秧歌的表演中有兩個重要角色，一為「瘋公子」，一為「野太醫」，「瘋秧歌」的說法應該與「瘋公子」這個角色有關。但當時「公子」「太醫」這樣的稱呼可不是一般普通百姓能使用的，原平鳳秧歌應該與秦始皇的公子扶蘇有一定的關係。

當年秦始皇曾派大將蒙恬與公子扶蘇修築長城，因原平地理位置重要，扶蘇多在此活動。扶蘇在百姓中頗有仁人之名，後扶蘇自殺，原平人民曾修廟紀念，至今仍有遺跡。蒙恬與扶蘇的遺跡和傳說在這一帶俯拾皆是。在山西有廟必有酬神表演，秧歌便是酬神表演的主要內容，原平鳳秧歌應該從此發展而來。

民俗的背後總有歷史的影子，它就像一座迷宮，需要我們不斷探尋。

九曲黃河陣

社火活動中的走迷宮

　　黃河有九曲十八彎的說法，在黃河中上游一帶流傳著一項與九曲黃河有關的社火活動——轉九曲，也叫「九曲黃河陣」「九曲黃河燈」，是元宵節社火活動中最有智慧的項目。

　　有人說九曲黃河陣是《封神演義》中的黃河陣；有人說是古代的迷魂陣；還有人說，九曲黃河陣是紀念道教老子的，是太極圖的變形。《封神演義》成書於明代，且明朝初年這種活動已經在山西盛行，並且被山西移民帶到了北京、河北等地，所以九曲黃河陣起源應該更早。在山西平魯地區相傳，這種社火活動源於唐朝。

　　九曲黃河陣還有一個已經不太被人們提及的名稱叫「鬧老教」。鬧老教，「鬧」是山西方言，熱火朝天搞活動的意思，類似說法有「鬧紅火」。「老」是指道教尊奉的太上老君——老子。鬧老教在正月社火活動中，便演變成了九曲黃河陣。

　　道家解釋說，擺九曲黃河陣是為了祭祀太極圖。它根據太極生兩儀、兩儀生四象、四象生八卦的易理，以三六五根稈為點，連成乾、坤、艮、兌、震、離、坎、巽八宮。八宮之外，又設中宮，即所謂的

八卦套九宮。鬧老教的人說這是九個小太極圖合成一個大太極圖。

道教在山西何時興起，已無準確時間可考。據有關記載，到了東漢，道教在山西已有活動，尤其是北魏太武帝拓跋燾時，道教一度成為北魏國教。到了唐代，李唐王朝尊老子為其祖先（老子姓李名耳），並稱在同隋朝軍隊的多次戰役中有天神顯靈護持，因此，唐朝歷代皇帝都認為道教是護持其家族統治的本族宗教，一直尊其為國教。如此說來，朔州市平魯地區說九曲黃河陣源於唐代，道家解釋九曲黃河陣是祭祀道家太極圖，便也都順理成章了。

正月裡黃土地上的莊稼人用三六五根高梁稈紮成九曲陣，暗應三六五天，每根稈上點燈。有的地方中間用七根木橼紮成，高懸七盞燈叫七星燈，九曲陣橫豎各十九行，共三六七盞燈。夜幕降臨時，九曲黃河陣遠望宛若群星落地，又似滔滔黃河蜿蜒曲折，遊人進去如入迷宮。入陣後，大彎套小彎，小彎連大彎，轉出來又轉回去，轉回去又轉出來，越轉越感複雜，越轉越覺奇妙，很容易讓人迷失方向，分不清東南西北。若能順利出陣者就會一年順順利利。

隨著時間的流轉，這項民俗活動被賦予了更多的美好祝福。轉了九曲便多了智慧、多了豪情，走了鴻運，強壯了體魄，還可延續家族的香火，當然連神靈也祭祀了。古老的黃土地上，年年轉九曲，轉了上千年。

民間鼓吹樂

百姓禮俗中的音樂盛典

在中國，道德的培養主要是經由對情感的禮樂教化來實現的。樂，是人類發自內心的情感之聲；禮，則用來規範人們的行為。

鼓吹樂最早源於黃帝時期，是軍隊中的凱旋之樂。漢時，天子宴饗、儀仗、祭祀、社廟、軍隊已經廣泛使用鼓吹樂。直到唐代，鼓吹樂還屬於宮廷樂舞，有專人管理，使用時有嚴格的規定，非一般人可享用。打破這種規則的第一人應該是曾鎮守葦澤關（今娘子關）的平陽公主──唐高祖李淵的三閨女。

六二三年，平陽公主的葬禮與眾不同，史書特地做了記載。不同之處在於她的葬禮使用了鼓吹樂，當時的禮官提意見說女人下葬用鼓吹與古禮制不合。李淵則說：「鼓吹就是軍樂，公主曾經親臨戰陣，擂鼓鳴金，參謀軍務，古時候有這樣的女子嗎？以軍禮來葬公主，有什麼不可以的？」於是破例以軍禮下葬平陽公主。平陽公主開了女人葬禮用鼓吹樂的先河。到了七〇八年，唐中宗便允許公主、王妃下葬時也可使用鼓吹，五品以上官員的母親和妻子的葬禮也可使用鼓吹。自此，鼓吹樂不再是皇家專屬的儀仗樂。

唐代時，在大儺舞這種祭祀活動中也可使用鼓吹樂，後來民間迎神賽社必有鼓樂表演概源於此。

鼓吹樂還曾被用於驅趕日蝕。古代人們看到日蝕認為太陽是被天狗吞掉了，各州府縣等官府部門都會吹吹打打驅趕那個吞掉太陽的傢伙，直到清康熙時這種驅趕天狗的行為還存在。此時，鼓吹樂已經完全走入普通百姓的生活中。

新中國成立前，山西境內幾乎所有的縣和村鎮都有鼓樂班子，百姓婚喪嫁娶、迎神賽社、祈雨禱水、社火廟會、喬遷祝壽……重大活動中必有鼓吹樂奏響。

新中國成立後，這些班社有的改名為「同樂會」，有的被叫作「八音會」。其中，上黨八音會最具代表性，頗有唐代音樂的意味，這應該與李隆基曾任潞州別駕有關。唐玄宗李隆基精於音律，是擊鼓能手，曾在潞州府中蓄有散樂一班，大力發展了民間音樂，也才讓今日的上黨八音能唐韻猶存。

千年來，鼓吹樂一直是山西民間禮俗活動中必不可少的音樂盛宴。

傘頭秧歌

中國最早的脫口秀表演

　　逢年過節，起社賽會，在臨縣一定能看到手舉花傘、扭著舞步、領著一隊人馬唱著秧歌的隊伍。各家各戶、老老少少聽到秧歌隊的虎撐（一種銅質響環）聲必定跑來圍觀。隨著圍觀者的增加，舉花傘的人開始「現炒現賣」，把周圍的人和景都編成口中的唱詞，且走且唱，見啥唱啥。這一場脫口秀讓人群興奮，現場火爆。這便是臨縣有名的傘頭秧歌表演。

　　傘頭秧歌的稱謂，來自於秧歌隊中的主角——傘頭。傘頭是秧歌隊的主帥，既要指揮秧歌隊表演，還要即興編唱秧歌。傘頭一般右手執花傘，左手搖響環。現在的傘是普通的黑傘，周圍綴有紅綾，表演時隨著音樂節奏向左旋轉，上下飄動。在民國以前並不用雨傘，而用相當於古代的黃羅傘蓋。黃羅傘是中國古代帝王威嚴的象徵，只有帝王出巡時才使用。對於傘頭的來歷，民間有各種傳說。

　　在《山海經》裡有這樣一段記載：「夏后啟乘兩龍，雲蓋三層，左手操翳，右手操環，佩玉璜。」意思是說后啟乘駕著兩條龍，在三層雲的簇擁下，左手打羽傘，右手握玉環。啟的這一出場造型，恰和

傘頭秧歌的陣勢，以及傘頭形象十分相似。據說啟把天庭裡的樂章《九辯》和《九歌》偷偷帶到人間，編成歌舞表演。傘頭秧歌便是從四千多年前逐漸演化成今日模樣的。民間傳說，傘頭手中的傘和響環都是降妖捉怪的法器，傘頭秧歌中也有古代大儺舞的影子。

傘頭秧歌最大的特色就是傘頭必須能夠即興編唱秧歌，一個好傘頭在正月裡要編唱成百上千首秧歌，一生中編唱的秧歌更是數以萬計。最能表現急才快才的要數傘頭對唱。傘頭相逢，互相叫唱，可從日出東山對唱到日落西山，群眾叫作傘頭「相鶻」，就如兩雞相鬥各不相讓。也正是因為這種即興創作，讓傘頭秧歌的唱詞永遠新奇，永遠無法提前知道它的內容。

期待和驚喜同在，是傘頭秧歌最大的魅力。

上黨鐵禮花

鐵樹開花的美好祝願

禮花，是夜晚的盛典，是火藥的傑作。不過在山西上黨地區有一種禮花與火藥無關，是鐵水在夜空幻化的星河。

過去每到二月十五和十月十五的夜裡，鐵匠們便將燒紅的鐵水拋出，用木板擊打至空中，鐵水在空中瞬間化作千萬顆亮晶晶、光燦燦的星星，有如九天銀河傾瀉而下。這便是上黨地區別具一格的鐵禮花，當地人也叫鐵驪花，其實是「鐵犁鏵」的諧音，因為打禮花用的是已經報廢了的鐵犁鏵。

打鐵花，最早源於長治縣蔭城鎮，這裡曾是著名的鐵業生產區。據史料記載，西元前五一三年，春秋末期，蔭城就有了簡易的鐵器製作業。清代到民國年間，蔭城冶鐵業發展至鼎盛，家家有鐵爐，戶戶會打鐵。

古代，鐵業自詡為「老君行」，與太上老君煉丹同屬一個行業。所以，鐵業生產區有敬老君的習俗。農曆二月十五被認為是太上老君的誕辰，十月十五又是民間工匠祭爐神的日子，而太上老君又被認為是爐神。這兩日，鐵匠們都會在夜間打鐵禮花，祭拜老君。

道家有「千年鐵樹開花易，一失人身再複難」的說法。打鐵花，還是一種祭鬼驅祟的儀式，民間把含冤自盡或不幸早喪的人叫作「屈死鬼」，過去殯葬這類死者便要打鐵花，是一種近似於安魂和驅趕邪魔的儀式。所以每逢農曆七月十五，也會舉辦打鐵花。出於這種目的，打鐵花者會特意選在老槐樹下，有意將鐵花朝槐樹枝葉之間打，好似槐樹開花。人們用這種方式寄託對屈死者的同情，祈望他們能再世成人。

　　後來，打鐵花這種習俗才逐漸演化成為歡度春節的娛樂活動流傳下來，並隨著人口流動散播到全國其他地區。

武鄉頂燈

疑是銀河落九天

元宵夜，武鄉頂燈舞起，站在高處望去，讓人恍惚中有銀河落九天的感覺。

對於這一民俗活動的起源比較流行的說法，一說武鄉春秋時期曾有一甲氏國，國君命奴隸頭頂燈盞以作照明，流傳成頂燈表演；又說，武鄉頂燈是後趙皇帝石勒所創。石勒年少為奴，後與十餘名同伴出逃，途中被官兵圍困，石勒與同伴把頭剃光，勾畫出猙獰的臉譜，頂了一盞油燈，趁著茫茫夜色成功突圍。石勒稱帝之後，為紀念此事，開始了頂燈表演。

不過有人考證認為，這項民俗活動有可能是從久遠的一種祭天方式演化而來。

武鄉頂燈舞是一種集體舞，少則幾十人，多則上百人，多在晚上表演，舞者頭頂頂著一盞裝有沙土的碗，土中插一支點燃的蠟燭或放一盞小油燈，臉上塗抹油彩，可著便裝，持各種道具。

表演頂燈的老藝人介紹，以前的頂燈表演是無樂器伴奏的，直到

光緒年間，才增加了樂器。頂燈表演時要在「黃河陣」中穿行，「黃河陣」歷來又被叫作「天河」。

頂燈表演有可能是在模擬神農時代九天運行的軌跡，這很可能是商朝時的一種祭天儀式。

傳說甲氏國是武王滅商後，遷商之遺民於武鄉一代繁衍生息形成的，很可能甲氏國繼承了先祖的祭天方式，並逐漸發展為獨特的頂燈表演。在武鄉曾有古觀象臺遺存，而且在發掘出的商代甲骨文卜辭中，記載著一名叫「子方」的人曾受周王室指派在武鄉一代做過祭祀活動。武鄉縣古台村曾建有一座規模宏大的「子方廟」，這些模糊的遺存也是對這段歷史的一個暗示。

石勒借頂燈突圍，也可能就是從當地頂燈表演中找到了靈感。後來，武鄉頂燈才逐漸發展為一項祈福活動。

所謂習俗，必是久遠相習而來，絕非三年五載所為可成。「天河」、甲氏國、子方廟……這些零碎的痕跡似乎都在向人們暗示，武鄉頂燈表演中蘊含著中國人最古老的古天文學認知，那頭上的點點燭火便是頭頂的九天銀河。

威風鑼鼓

雷神敲響的戰鼓

人們認為鼓具有非凡的神力，是溝通天地的神器。鼓聲像雷聲，天上雷霆的轟鳴、春天氣候的回暖、萬物生長的聲音都可融於鼓中。

臨汾、洪洞、霍縣、汾西等地的鑼鼓表演過去多用在廟會、祈神、求雨等活動中。鼓，在人們心中有祈福、歡樂的意味，在敲打鑼鼓時，人們無不傾情舞動，把自己生命的律動和祈求豐收的願望都融會於表演之中。強奏時，鼓聲震天，鈸光閃爍；輕奏時，如春雨滋潤禾苗，帶著愉悅與鼓舞。在這片土地上，敲鑼打鼓的習俗由來已久。

有人說，堯考察舜做接班人時，見舜耕於歷山，一人駕著兩頭牛，當牛走耕地的方向發生偏離，舜的牛鞭只敲自己的斗笠而從不抽牛的背。堯問他是怎麼回事，舜說：「牛有靈，敲敲斗笠，一隻會以為另一隻受了責罰，兩頭牛都不敢懈怠，這就夠了。」這是鼓起源的一種說法。後來，堯把自己的兩個女兒嫁給舜的時候，便已經使用鑼鼓敲敲打打送親了，這種習俗延續至今。

在古代戰爭中，鼓還起著指揮官的作用，是戰場上的靈魂。傳說戰鼓源於黃帝大戰蚩尤，黃帝以夔龍皮做鼓，以雷神骨做鼓槌，大敗

蚩尤，鼓在軍中的地位從此奠定。

今天流傳於山西臨汾地區的鑼鼓表演又被稱為「威風鑼鼓」，便與軍隊作戰有關。六一九年，唐太宗在霍州大戰劉武周部，擊鼓迎戰，鳴鑼收兵，進退有序，取得了勝利。後人把這次戰爭中擊鼓鳴金的方式、排兵布陣的隊形融合到鑼鼓表演中，成為威風鑼鼓的演奏方式。

威風鑼鼓演奏時一律古代士卒裝束，擺開一個接一個的戰陣，所使用的樂器很單純，只有鼓、鑼、鐃、鈸四件。演奏方法是鼓指揮，鑼主奏，鐃和鈸分成兩個聲部，交替對奏。上百面鼓，幾百面鑼，成百副鐃鈸，共鳴齊奏，音響如天地轟鳴。威風鑼鼓演奏時，前後進退，左右開合，場面宏大，如雷貫耳，鏗鏘有力，振奮人心。

如今鄉間迎神賽社時，若兩支鼓隊相逢，免不了狹路相逢，鬥一場鼓，那必是一番金戈鐵馬的廝殺。敲鼓人的虎口都會震出血，附近農戶的玻璃都可能被震裂。真正如雷神降臨，撼人心魄，令天地共鳴。

耍孩兒

咳咳腔逗樂唐玄宗兒子

大同有一種古老的劇種，名「耍孩兒」。耍孩兒最初叫「咳咳腔」，與漢代一位遺世獨立的絕美女子——王昭君有關。

昭君出塞，途經大同，歇腳在一家小客棧。清冷的寒夜，倚窗獨立，姣姣明月下，故鄉已在千里外。幾日停歇裡，昭君都夜彈琵琶，唱著如泣如訴的悲音。後人仿效昭君夜思懷鄉的哀歎，創出了咳咳腔，傳唱於雁門關外，逐漸成為一種地方曲調。

再後來，加上故事情節，咳咳腔成為一幕幕情節感人的劇碼。因為這種劇以「咳咳」為主要唱法，所以最初叫作「咳咳腔」，後來改為「耍孩兒」，據說咳咳腔改名與唐玄宗有關。

相傳唐玄宗有個兒子生下後一直哭鬧不止，無論用什麼辦法都難把他哄乖。這孩子一天天長大，可哭鬧聲卻日夜不斷，攪得宮中不安寧。宮娥太監們絞盡腦汁都哄不了一個孩子。作為孩兒他爹的唐玄宗也很煩惱，總想著怎麼辦、怎麼辦。

一天，唐玄宗在梨園聽演唱，突發奇想，不知道這唱戲能不能治

啼哭之病，便把小孩兒抱來試試。當孩子到梨園後，梨園名伶們開始賣力表演，皆無濟於事，孩子照常啼哭不止。那就不論是不是名角兒，大夥兒輪番上陣試吧。一時間，梨園那叫個熱鬧啊。平城（今山西大同）的一名老藝人哼起了咳咳腔，見證奇跡的時刻到了，那孩子立即不哭了。後來，每當這孩子哭鬧，玄宗就召這位平城老藝人來唱咳咳腔。沒想到，聽了多日咳咳腔後，那孩子哭鬧的毛病被治好了。玄宗大喜！因為這咳咳腔哄住了孩子，玄宗便將「咳咳腔」改為「耍孩兒」——意思是可供孩兒戲耍的曲調。

耍孩兒劇此後成為梨園曲目中經常演唱的曲種，又因是皇帝賜名，地位更加提升，在大同一帶歷千百年不衰。民國「京劇四大名旦」的程硯秋、尚小雲、荀慧生及豫劇表演藝術家常香玉，都曾到大同聆聽，沉醉迷戀於這種「有腔無字」的藝術，讚歎這一最古老劇種的悠久。

二人臺《走西口》

小夫妻離別時的悲歌

「哥哥你走西口，小妹妹我實在難留，止不住那傷心的淚蛋蛋，一道一道一道往下流……」「走出了一里半，我擰回頭來看，我瞭見小妹妹，還在房上站……」一八五五年，山西連年荒旱，二里半村的佃農太春新婚不久，即為生活所迫，不得不遠走「口外」。妻子孫玉蓮苦苦挽留，最終夫妻二人還是灑淚而別。

臺上的男女主角悲聲唱著，台下人流淚聽著。這出廣為傳唱的二人臺《走西口》是三百多年來到「口外」謀生的山西人的悲歌，是窮苦人走西口的艱辛和悲涼。

從明末清初，直到民國時期政府大規模開發西北，近三百年裡，山西曾發生過連綿不斷的大規模移民活動，這就是戲曲民歌中傳唱的《走西口》。歷史上的走西口，亦稱「走口外」，是指山西、陝西等地民眾前往長城以外的內蒙古草原墾荒、經商的移民活動。

當時，山西人很窮，其窮困的原因是自然條件實在太惡劣。清朝時山西一個讀書人說山西「無平地沃土之饒，無水泉灌溉之益，無舟車魚米之利，鄉民唯以墾種上嶺下阪，汗牛痛僕，仰天續命」。已經

大汗淋漓的牛依然被主人抽打著幹活，不是農人不體恤牛，著實是萬不得已。大同的地方志甚至說當時大同地區「歲豐，畝不滿斗」——一斗為今日的十二點五斤！

山西不但土地貧瘠，且自然災害頻繁。在清朝三百多年的時間裡，山西全省性的災害就達一百多次，平均三年一次，其中最長的一次旱災長達十一年。據官方統計，死於這次災荒的山西人超過了三百萬。與其眼睜睜挨餓坐以待斃，不如走出去，也許能闖出條活路來，於是便有了山西人的走西口。有學者考證，那時因走西口在內蒙古定居的河曲人就達二十萬之多，而現在的河曲縣也不過十六萬人。

走西口在帶給受苦人無窮希望的同時，也充滿血淚的艱辛、悲涼的歎息。這些心酸、苦難都變成了黃土垣上深情的民歌並被搬上了舞臺。一支笛子，一把四胡，一人唱一人和，二人臺成了河套地區主要的民間戲曲形式。

清徐鐵棍

祈雨演變出的空中舞蹈

山西歷史上十年九旱，民間祈雨祭祀活動千年不衰。

至今活躍在太原周邊的元宵節社火──徐溝鐵棍就是由祈雨祀神活動演化而來的。

自古以來，人們都知道行雲布雨是龍王爺的責任，不過在山西有一位比龍王還牛的人，求雨找他比找龍王爺還管用，此人名田善友，最後得道成佛，綿山抱腹寺有其包骨真身像。

光緒年間的《清徐縣志》記載，隋唐時，徐溝鎮西楚王村有一位被稱為田善友的人，他本名叫田志超，常年在當地的廟中幫忙，故而人們叫他善友。春夏農忙時，村裡很多人都接受過他的幫助，大家坐下閒聊時發現，田善友在同一個時間內居然出現在村裡不同的人家，人們頓感蹊蹺，於是到廟裡去找田善友。寺裡的人告訴村民，田善友去綿山隱居了。此後，人們認定田善友絕非凡人。

唐貞觀年間，八百里秦川大旱，李世民急得如同熱鍋上的螞蟻。魏徵對李世民說：「聽說山西有座綿山，上面住著一位得道的活佛，

名叫田善友，他的本事很大，連五龍都惹不起他，何不向他祈禱？」李世民遂詣山禱雨，果然大雨如注。李世民遂賜田善友「空王佛」。此後，每逢天旱，遠近的人們都會去綿山向「空王佛」祈雨。後宋太宗趙光義曾去綿山拜神，卻無緣面佛，又封田善友為「空望佛」。

據傳空王佛升天之日在陰曆三月十七，徐溝鎮在這一天便有廟會祭祀，有各種酬神表演，其中就有徐溝鐵棍。

清徐鐵棍表演最初選取俊美的兒童跨於大人頸項上表演。後逐漸發展為青壯年肩縛特製鐵架，鐵架上有可以踩踏的腳蹬，化裝後的女童以特別的方式固定在鐵架的腳蹬上進行表演。遠遠望去，大人肩頭的孩子仿佛凌空踏舞，也有人把這種背棍表演叫作「空中舞蹈」。背棍表演隊伍一般為十人或二十人不等，他們按照既定的鼓點和步點在鑼鼓聲中表演，孩童隨大人的扭動而起舞，頗受歡迎。

徐溝鐵棍原有的祈雨文化形態漸漸被後來的戲曲人物舞蹈表演代替，但在很長的時間內，鐵棍（尤其是抬閣、劃棍）的外觀裝飾和人物服飾上一直保留著傳統的雲紋、水波紋圖案，向人們暗示著求雨勸耕的最初動機。

天塔獅舞

九米高臺上的王者風範

伴著鼓點，二十九條板凳快速搭成十五層九米高的塔臺，凳子之間不做任何固定。鼓樂聲中，領獅人引領大小獅子上場亮相。獅子們在一番搖頭、擺尾、轉睛、動耳、舔舌、翻滾、搔癢、搶球、踩球等簡單的舞獅表演後，在領獅人的召喚下，群獅通過翻、騰、蹦、跳等動作，圍著塔躍躍欲試。表演進入高潮，鼓點越來越密集，觀眾的心開始跟著揪緊，領獅人迅捷地在塔內攀爬。

七秒！領獅人便攀上了九米高的塔頂。

一聲哨響，好似軍令。四隻獅子像聽到了征戰的號角，快速向上攀爬，越到高處地方越狹窄，群獅由起初的大大咧咧開始變得小心翼翼起來，隨著領獅人的指揮調節著自己的位置。登頂後，獅子們還會表演「水中撈月」「蜻蜓點水」「瑤池摘星」等高難度的動作。領獅人在塔頂「金雞獨立」，頭頂在八寸寬的板凳中心，雙足朝天，一手執毛筆，一手捧紙板書寫出不同的祝福語。觀者此時無不噤聲憋氣、目不轉睛，心提到了嗓子眼。

這便是有「北獅王」之稱的襄汾天塔獅舞。

舞獅習俗由來已久，南北朝宋文帝元嘉二十三年（446）五月，林邑（今越南中部）王范陽使用象陣與南朝宋的軍隊作戰，導致宋軍敗北。後來，先鋒官振武將軍宗愨思獻策，以假扮獅群大敗象陣。此後，獅舞從軍中逐漸流傳到民間。唐時，舞獅已經成為一種大眾化的表演方式。

山西舞獅習俗最早源於隋朝，與李唐王朝在山西的駐軍有很大關係。初時，不叫舞獅，名喚「舞太平曲」。從此稱呼也可知，舞獅是慶賀太平，祈福吉祥的一種表演。

襄汾天塔舞獅，當地老百姓又叫它「獅子上板凳」。起初，只是簡單的單獅舞、雙獅舞，為了滿足大家的觀賞欲望便有人突發奇想，開始踩著板凳表演，結果一發不可收，板凳越疊越高，表演也逐漸融入了武術、雜技等動作，觀賞性越來越強。

天塔獅舞現已成為襄汾丁陶文化的重要組成部分，每次表演都會獲得如潮般的掌聲，觀者無不為其驚險刺激所折服。

天塔獅舞的傳承人李登山常常告訴他的徒弟們：人生就像「爬地龍」，認準一個目標，就要不怕困難，勇往直前，每一步都牢牢把根扎在地下。正是因為有歷代藝人這種認真執著、膽大心細的精神傳承，才讓天塔獅舞流傳至今。

走獸高蹺

連體高蹺演繹的古老故事

　　相傳，每年的正月廿九是火神的誕辰日。山西省稷山縣清河鎮陽城村的人們都會在火神廟前表演一種奇特的高蹺，名為「走獸高蹺」。這種習俗在清雍正年間開始盛行，已有三百多年歷史。

　　走獸高蹺是由兩人表演的連體高蹺，由獸頭、獸身、表演人員組成，高蹺表演者腳綁木蹺，腰縛獸皮，前繫獸頭，上身扮演與之相應的人物，表演時兩人足踩高蹺同演騎獸狀。

　　走獸高蹺的每組造型都代表著一個久遠的傳說故事。

　　比如貘是傳說中的一種兇猛的野獸，背部灰白色，頭、肩、腹、四肢都為黑色，尾巴短鼻子長，生活在熱帶。唐代文豪白居易在《貘屏贊》中記載：「貘者，象鼻、犀目、牛尾、虎足，生南方山谷中，寢其皮辟瘟，圖其形辟邪。」

　　據傳春秋時期，晉獻公的公子重耳被驪姬所害，流亡其他諸侯國。重耳和近臣衛丑在流浪途中便遇到了貘，它傷人傷畜。衛丑想為民除害，與它鬥智鬥勇。但這只貘兇猛無比，衛丑跳上貘身，不管貘

怎樣狂奔都至死不放，最後以力量制服了貘。稷山走獸高蹺便演繹了這段故事，表演者頭戴黑帽，身穿黑衣，黑色鬍鬚，全身趴在貘的背上，將制服貘的生動場景表現出來。

鼇又稱「魚龍」，相傳是大海中非常兇猛的動物，龍首魚身，能在大海中遊弋又能騰雲駕霧，還能在陸地上行走。它是天神奎星的坐騎，奎星是掌管人間狀元的神官。表演時，鼇頭上站的青面紅髮、一手執筆一手拿斗的就是奎星神，它專職點選人間狀元。當地人認為「獨占鰲頭」由此而來。鼇背上騎的是身著紅袍狀元服、頭戴狀元帽、腳穿朝靴的新狀元郎。

麒麟、梅花鹿、黑狸虎、豺狼、獨角獸……這些走獸有的是現實生活中的，但大部分是人們想像出來的，更多的是久遠時代圖騰崇拜的產物，還有一些來源於神話傳說或故事。它們都表達了一個樸素的觀念：「正義戰勝邪惡，好人終有好報。」

太谷絞活龍

龍騰盛世的期盼

太谷境內有一句民謠：「東寺院的游九曲，田家後的絞活龍。」絞活龍就是一項社火表演。龍，在人們心目中非常神聖，百姓認為舞龍有祛邪免災之作用。

太谷田家後村的絞活龍活動相傳起源於明代。民間口頭傳說，有一年二月初二傍晚，田家後村上空隱約現出兩藍一綠三條龍，圍繞著一顆龍珠翻騰嬉戲，好一陣子才散去。這一年，田家後村糧食大豐收，老百姓認為此地吉祥，還在這裡建了一座龍燈廟。為了留住神龍，百姓在廟裡塑了泥龍，用釘子釘牢。每年二月二時，大家便模仿當年三條龍出現的場景，在龍燈廟兩棵大槐樹之間扯上繩子舞龍，老百姓把這種社火活動稱為「絞活龍」。

當地縣志對這種社火活動的起源另有記載。清代嘉慶年間，太谷縣城關田家後村（今田豐村）人田氏，經商於廣東，將絞活龍的製作方法與絞耍技術引進太谷，從此流傳開來，成為太谷燈節獨特的民間社火之一。

絞活龍不同於一般的舞龍燈，相距六十米的兩座彩樓中間繫著鐵

絲、麻繩等裝置，當作舞龍時的龍棚。舞龍時，龍棚內六米多高的空中兩條藍綠小龍時而飛舞，時而戲珠，時而噴火，下方一條老龍則上下翻騰，與空中的飛龍相互交織，上下盤旋。

絞活龍至少需要十多人長時間演練才能表演。過去舞龍還有一番講究：先是在龍王廟前放一張供桌，獻上供品，點燃香燭，人們跪拜請龍；請出之後，在活動過程中，凡動龍道具時，必講「請龍」，而且任何人不得從龍身軀上跨越，也忌諱龍體倒行；活動完畢，再將龍送回寺廟。

龍乃中國四靈（龍、鳳、麒麟、龜）之首，中國人對之敬而且畏。人們把龍作為吉祥的化身，代表著風調雨順的願望，所以用舞龍來祈禱神龍保佑，能夠風調雨順、國泰民安。

山西戲曲
中國戲曲的搖籃

　　山西是中國最早的戲曲發祥地之一，被譽為「中國戲曲的搖籃」。

　　戲曲，也稱「梨園行」。在中國，各行各業都有祖師爺，梨園行的祖師爺是位皇帝——唐玄宗李隆基。

　　這位與山西有深厚淵源的皇帝在玩賞歌舞百戲方面絕對夠得上大師級別。據史書記載，開元十一年（723），宮中排練大型歌舞《聖壽樂》，唐玄宗穿起了舞衣，親自教授，歌舞演員們一天之內就學會了這個新節目。彩排那天，玄宗又當起了指揮家，樂隊中偶有一聲失誤，他也能察覺並予以指正。唐玄宗還參與舞戲的創作，曾編寫新曲四十多首。這些足以說明唐玄宗是歌舞百戲的行家，也難怪舊時戲曲界尊奉他為祖師爺。

　　中國古代和戲劇發展有較大關係的還有一位皇帝——五代時後唐莊宗李存勗。這位曇花一現的後唐皇帝，在位時間前後不過三年，然而，他在戲劇史上卻頗有名氣。據說他有宮女兩千、樂手千人，在這個龐大的「宮廷劇團」中，這位莊宗既當導演又當演員，傳說他還為

自己起了一個藝名，叫「李天下」。

　　古代戲曲是一門融樂舞、百戲、說唱、雜技以及民間社火等多種技藝的藝術。其萌芽可上溯到遠古的原始歌舞和巫舞，歷經周秦的古優，漢代的俳優、百戲，唐代的歌舞戲、參軍戲等表演形式，通過宋雜劇、金院本和南戲的演化，至元代，終於形成了集唱、念、做、打於一體的成熟戲曲形式──元雜劇。

　　明代到清代，隨著北方雜劇的衰落，昆山腔、弋陽腔、青陽腔等多種聲腔劇種開始在黃河三角洲地區傳播，這促進了山西梆子腔大戲的產生，而中國梆子戲的正宗源頭便是蒲州（今山西永濟）梆子。

晉劇表演

康熙四十六年（1707）冬，《桃花扇》的作者孔尚任應邀參與《平陽府志》的修纂。第二年春節、元宵節時，他在平陽府觀賞了戲劇等民間表演。當時平陽府最著名的蒲州梆子戲演員叫葵娃，曾進宮給康熙皇帝做過表演，孔尚任看過他的表演後讚歎不已，作詩紀念。

明清時期，隨著山西移民以及晉商的遠行，山西境內以蒲州梆子為基礎，又發展出了中路梆子、上黨梆子、北路梆子，山西四大梆子戲逐漸成形。

後各地經商的晉商常常請山西的戲班子遠赴各地演出，甚至蓄養著一些戲班子。清代，山西的梆子戲紅遍全國。唱梆子戲的名角兒也一時名冠華夏。宣統年間，山西梆子戲著名演員郭寶臣、侯俊山和他們的戲班子經常進出皇宮，兩人還享受朝廷封賞，得了四品官銜。

古代戲曲的萌芽、演變、發展直到成熟一直都與山西的文明息息相關。山西有深厚的戲曲淵源、令人矚目的戲曲大師、古樸珍美的戲曲文物以及規模洪浩的戲曲劇種。山西目前共有四十六個戲曲劇種，除了京劇、豫劇、曲劇等三個外來劇種，地方劇種有四十三個。在四十三個地方劇種中，二十二個劇種入選國家級非物質文化遺產。

歲時節令

鞭春牛

立春時政府頒布的頭號政令

立春，山西人又叫「打春」，這一俗稱源於這一天鞭春牛的民俗活動。

「春日春風動，春江春水流，春人飲春酒，春官鞭春牛。」這首山西民謠說的便是立春日鞭打春牛的習俗。唐代之前，史籍中沒有鞭打春牛的記載。從周至秦漢，流行的迎春活動只有迎春於東郊。漢代開始祭祀青帝句芒神。芒神是中國神話中的春神。

古代立春時要到東郊八里外迎春，目的是早一點把芒神接回來。芒神塑像最大的外形特點就是手裡拿著一根鞭子，這根鞭子長二尺四寸，代表著二十四節氣。到了唐代之後，巫術行為滲透到迎春習俗中，出現了「執仗鞭牛」的舉動。「打春」的說法從這時開始。宋代之後，鞭春習俗中由皇帝、官吏來扮演芒神，以示國家對農業的重視。如同現在每年政府頒布的頭號政令就是重視農業生產。

打春的主角就是春牛。春牛由泥土捏製或彩紙紮製兩種，牛高四尺，象徵一年四季；身長八尺，象徵春分、夏至、秋分、冬至、立春、立夏、立秋、立冬，農耕八節；尾長一尺二寸，象徵一年十二個

月;四蹄象徵四季。

山西汾陽市城東有村名「望春村」，便是當年汾州府舉行打春儀式的地方。立春這一日，汾州府的士、農、工、商都會集中於此，州官扮作農夫，官員妻子扮作村姑給農夫送飯，各種迎春表演到高潮時，「農夫」用鞭子或棍子將紙紮的或是泥土捏成的「春牛」打碎，圍觀的農民一擁而上參與鞭打。人們認為打得越熱鬧，來年的收成便越喜人。

牛這種動物在中國文化中還具有宗教象徵意味，是神農氏部落的圖騰，神農氏首領炎帝馴牛耕種，發明農業，炎黃子孫才有了生存的保障。農耕時代，牛是春耕的主要畜力。鞭打春牛，也有提醒牛該辛勤勞作的意思。

立春這一天，除了鞭春牛，有些地方還會用絹做成布偶，名「春娃」，戴在小孩子的身上；晉北則講究縫製小布袋，內裝五穀雜糧，掛在耕牛角上。民間盛行吃蘿蔔、春餅，稱為「咬春」，人們用各種方式來迎接春的到來。

二月二

匼河背冰亮膘　大展陽剛之氣

　　匼河村位於山西省南端的芮城縣風陵渡鎮，因北、西、南三面環繞黃河而得名。地方雖小，歷史卻悠久。在這裡曾發現新石器時代的砍斫器、刮削器等工具及動物化石，被稱為「匼河文化」。每年農曆二月二，這裡背冰亮膘的民俗活動就源自匼河文化時期。

　　大約六十萬年前的匼河人，一般人平均壽命只有十歲左右。匼河人要想獲取能夠維持種族存在的必要食物，就必須戰勝來自大自然的一切災難和挑戰，擁有一個強壯的體魄。

　　相傳，匼河人十分重視訓練捕獵的基本技能。他們從小就開始進行訓練，投得遠，跑得快，攀得高，背得重，這都是基本技能。匼河人常常會在部落中展開比賽，優勝者自然會引起姑娘的關注，才能獲得繁衍後代的機會。

　　在一次負重比賽中，部落裡兩位小夥子背的石頭一樣重，且幾乎同時到達坡頂，勝負難絕。當時正值寒冬臘月，其中一位小夥子回頭下坡，背起了一根又粗又長的枯樹咬著牙往坡上走。另一位不服氣，也回頭奔向黃河，用石頭砸開冰封的河面，將一塊大冰掮起往坡上

走。顯然，背冰這項創意性的舉動引起了大家的興趣，背冰的小夥子最後獲得了部落最漂亮姑娘的青睞。從此，每年的負重比賽中，都有小夥子為了心上人而頻出絕招。背石頭、背木頭、背河冰，甚至故意亮膘展示實力。

一八○○年前的東漢時期，有一次黃河水氾濫成災，居民深受其害，難以生存。相傳，東嶽大帝黃飛虎顯靈，迫使黃河水後退數十里，給百姓創造了一片可生存的環境。為感激泰山神黃飛虎，匼河及附近村民集資修了一座泰山神廟。每年農曆二月二這一天大興祭祀活動，名為「三社典」。一直流傳於當地的背冰亮膘習俗，也成為這場活動中最引人注目的項目。

這一天腰繫獸皮、穿短褲衩的後生，有的背扛大冰塊，有的扛鍘刀，有的扛大檁，有的扛門板……每個人的負重都在百斤或幾百斤，在古樸奇特的樂聲中，走街串巷，出盡風頭。

如今每年乍暖還寒時，匼河人還會背冰亮膘，他們以此來彰顯自己血脈中那強悍而不屈的黃河精神。

寒食節

介子推抱憾綿山

　　禁火寒食是周代開始的一種制度，那一天各家的火都要熄滅，吃冷飯。一般寒食禁火的日子在冬至後的第一〇五日，是清明前一日或兩日。寒食禁火後，到了清明這一天，人們再重新鑽木取火，謂之「新火」。這也是古代對火崇拜的一種表現。

　　寒食節成為一個固定的民俗節日是從晉國時開始的，距今已有二千六百年。這個節日的設立與晉國一個名叫介子推的人有關。

　　春秋時，晉國公子重耳遭迫害流亡國外，追隨他流亡的人中有一位叫介子推。流亡途中，很多國家都不願接受重耳的政治避難。一天他們沒有可以吃的東西了，紛紛去挖野菜充饑，介子推卻把自己腿上的肉割下一塊來，做了一碗肉湯捧給重耳。

　　十多年後，重耳終於被迎接回國當了國君，大封重賞當年追隨自己的臣民，卻忘了介子推。後來，大臣提醒晉文公，晉文公立即派人去請介子推。此時介子推卻背著老母親進了綿山，不願意入朝為官。有人出主意，三面放火，逼介子推出來。不料，介子推是個倔漢，寧肯燒死，絕不出山。

綿山介子推

　　大火燒了三天才熄滅。有人在一棵枯柳樹下發現了介子推母子的
屍骨。晉文公悲痛萬分，將一段燒焦的柳木帶回宮中做了一雙木屐，
每天望著它感歎：「悲乎足下。」此後，「足下」成了屬稱對方的敬
辭。下稱謂上，或同輩相稱，都用「足下」意為「您」。今天，介休
市也因這件事而把定陽縣改為介休縣。晉文公又把這一日定為寒食
節，實行禁火。

　　歷史上寒食節最長有過一個月，有時是三天，最短為一天。人們
在寒食節到來時必須準備足夠的冷食，涼菜冷食的品種也因寒食節而

豐富多樣。在介休，人們會在寒食節做一種子推蒸餅。其他各地的人們還會蒸寒燕，就是用麵粉捏成大拇指一般大的飛燕、鳴禽及走獸、瓜果、花卉等，蒸熟後著色，插在酸棗樹的針刺上，裝點室內，也作為禮品送人。

七夕節

和順放牛郎　娶回天上織女

農曆的七月初七是傳統的乞巧節，這一天也有人說是中國的情人節。七夕節來源於中國牛郎織女的神話故事。

傳說很久以前，山西和順縣有一個年輕小夥子叫牛郎，父母早亡，跟著哥嫂度日，嫂子為人狠毒，找了個藉口把牛郎趕出了家門，只有一頭老牛陪伴他，沒想到這頭老牛是被貶下凡的灰牛大仙。

一天牛郎在老牛的說明下認識了天帝的女兒——織女，二人一見鍾情，結為夫妻，生了一男一女。這事很快讓天帝知道，天帝讓王母娘娘親自下凡來，強行把織女帶回了天上，王母拿金簪劃出了一條天河。牛郎織女隔河而泣，他們的愛情感動了喜鵲，千萬隻喜鵲飛來，搭成鵲橋，讓牛郎織女走上鵲橋相會。王母娘娘無奈，只好允許兩人在每年農曆的七月初七於鵲橋相會。牛郎織女神話的源頭就在山西和順縣，這裡有牛郎溝、天河池、牛郎廟、織女峰、南天門、喜鵲山、金牛澗等。二〇〇六年，和順縣被命名為「中國牛郎織女文化之鄉」。

此後，民間把農曆七月初七定為七夕節，也稱「乞巧節」。七夕

牛郎織女相會

節裡，民間流行姑娘媳婦向織女討教手藝的活動，稱為「乞巧」。長治一帶的女孩，七夕節前一天要逮一隻吐絲的蜘蛛圈在盒子裡，第二天觀察其結網疏密狀況，網越密則認為乞巧越多。這一天，少女們還有搗碎鳳仙花染紅指甲的習俗。

山西境內七夕前後多降雨，民間多認為是牛郎與織女的眼淚落到了人間，民諺有「七七不出門，出門被雨淋」的說法。農耕時代，男耕女織是一幅完美的田園生活畫面，每個辛勤耕作的牛郎都希望自己能找到一個心靈手巧、心地善良的仙女為妻，七夕節便蘊含著人們這種美好的願望。

六月六

收了新麥　小倆口回娘家

晉南地區有農曆六月初六回娘家的習俗，當地人稱為「走麥罷」。麥罷，就是說麥子收割結束。

現代人回娘家很方便，抬腳說走就可以走。可是在古代，女兒出嫁後想回娘家可不是那麼容易。在春秋時期，距今二千七百年左右，女兒出嫁三個月之後方允許第一次回娘家。此後只有娘家人來接才會被允許回娘家，而且不能頻繁，沒有重大事件，一般嫁出去的女兒就是潑出去的水。娘家人也不能總把女兒接回家住，這不合禮法。如果父母亡故，這女人便再無權回娘家了。

相傳，晉南「六月六，走麥罷」的習俗就起源於春秋戰國時。晉國的宰相狐偃是國君晉文公的舅父，晉文公能當上國君，這位舅舅功不可沒。當年晉文公流浪異鄉時，趙衰也是跟隨者之一，等到晉文公當了國君後，趙衰也成了國之重臣。這兩位國家棟梁本著關係更加緊密的原則，做了兒女親家。狐偃有女，嫁與了趙衰的兒子。兩人曾經同甘苦共患難，如今又是親戚，關係應該很好吧？其實不然。狐偃有一次跟趙衰在朝堂上吵了起來，狐偃覺得自己是國君的舅舅，說話就

有點沒分寸。趙衰有「以德讓賢」的美名，不好與人爭，又顧及親戚間的和氣，便憋了一肚子氣，沒多久就死了。

趙衰的兒子即狐偃的女婿，因此一直難平心中怨憤，想替父親出這口氣。恰巧這一年晉國遭災，狐偃出去放糧，說好六月六回家過壽。趙衰的兒子決定趁此機會為父報仇。狐偃的女兒得知後，連忙趕回娘家報了信。

狐偃放糧期間，親眼目睹了民間疾苦，後悔自己沒有聽取親家的忠告。在得知女婿要刺殺自己的消息後，他不但不責怪，還主動給女婿賠了罪，把姑娘和女婿接回府，化解了雙方的矛盾。此後每年的農曆六月六，他都把女兒女婿接回家來團聚。這事傳到民間，百姓仿效，逐漸形成了「走麥罷」的習俗。

七月十五

點一盞河燈祝天下平安

每年農曆七月十五，山西河曲縣西口古渡黃河邊都要舉行放河燈、燃焰火活動。禹王廟古戲臺會唱戲三天，吸引著萬千民眾前往。

夜色朦朧，民間八音班子長長的嗩吶聲撩開了河燈會的序幕。三六五盞河燈供放於河神廟前，祭拜祝禱儀式結束後，人們抬著河燈登上舟船，駛入黃河，鼓樂大振，禮炮轟鳴，河燈入水。三六五盞燈是三六五天的祝福，是四季如意的期盼。

放河燈源於佛教儀式中盂蘭盆會的「照冥荷花燈」，其目的是追祭祖先、超度亡靈。盂蘭盆是梵文的音譯，意思是「救倒懸」，即救度亡靈倒懸之苦，源於佛教中目犍連救母的故事。

目犍連是佛陀的弟子，有天眼通的神力，可知人死後的去所。一天他忽然想起死去的母親，便用神通見到自己的亡母在餓鬼道中受苦。目犍連見狀傷感萬分，想借助自己的天神力量幫助老母卻無法達到。佛陀告訴他，每年的七月十五是十方僧眾的解居自恣日，這一天，做子女的可將珍肴飯食、新鮮果品放置盆中，供養十方大德僧眾，這是救拔其母的最好辦法。目犍連聽從佛陀指引，於七月十五舉

辦了盂蘭盆法會。後人們為紀念目犍連的孝心，也在這一天放河燈來
追祭祖先，超度亡靈。

放河燈

廟會信俗

大槐樹

生生不息的華夏之根

　　在中國沒有哪棵樹能比洪洞大槐樹更知名，在中國沒有哪棵樹能比洪洞大槐樹更讓人懷念。

　　每年清明時節，必定有大量的移民後裔自遠方而來，在大槐樹下祭拜祖先。

　　洪洞大槐樹移民活動始於宋室南遷，止於清代中後期。尤以明初洪武、永樂年間為最，洪洞大槐樹便是當時移民聚遷地的一個重要標誌。

　　這棵大槐樹據說最初種植於漢代，被稱為「漢槐」，明初移民時已是千年古槐。當年人們從這裡離去時，漢槐枝繁葉茂、古樹參天，人們依依不捨，摟著樹幹，揪著樹枝。官兵砍斷樹枝，驅趕移民遠赴荒無人煙的他鄉。手中的槐枝是離人心中的哀愁，他們把槐樹的枝椏種在異鄉。

　　槐者，懷也。那是對故鄉深切而久遠的懷想。如今，移民聚集的地方，你去問，一定有曾經從洪洞大槐樹上折下的枝椏。枝椏也已是

繁茂森然，可它依然知道自己的根在山西。

相傳當年移民在被押解過程中，長途跋涉，常有人要小便，只好向官兵報告：「老爺，請解手，我要小便。」次數多了，這種口頭的請求逐漸趨於簡單化，只要說聲「老爺，我解手」，就都明白是要小便。「解手」一詞是當年移民心酸路的印記。

清末，洪洞賈村景大啟、劉子林等在山東為官，與許多洪洞大槐樹移民後裔相識，經與很多洪洞移民後裔商議後，廣為募捐，於原古大槐樹舊址豎碑，建造起了一座碑亭，「古大槐樹處」粗具規模。

辛亥革命時，趙城（今屬洪洞）人張煌殺死了清朝巡撫陸仲琦。不久袁世凱派新巡撫張錫鑾部下盧永祥進攻山西革命軍。盧的部下到

洪洞大槐樹

趙城後無惡不作，就連當時的陝西巡撫都看不下去，上書朝廷控訴此事。然而清軍出趙城入洪洞後，卻出現了完全不同的場景。個個循規蹈矩，人人下馬祭拜，聲稱自己「回到了老家」，並把劫掠來的心愛之物供奉於大槐樹下。原來，盧的部下多是京津、河北、河南、山東一帶的人，其中移民後代不在少數。家中世代皆有祖訓：「洪洞大槐樹是老家。」

在數以億計的移民後代心中，洪洞大槐樹就是自己的根，是連接中華兒女的精神紐帶。

從一九九一年起，洪洞縣在幾百年民間祭祖活動的基礎上，吸納了大量民間祭祀儀軌，於每年四月一日至十日舉辦大規模的「尋根祭祖節」。大槐樹祭祖堂裡供奉著所有從大槐樹下遷出去的上千姓氏牌位，移民的子孫如今已有兩億多。

漢代古槐已消失在歷史的風塵之中，同根孳生其旁的第三代槐樹也已枝繁葉茂。如同生生不息的中華子民皆是同根同脈、同出一支。

廣勝寺

泉水官司打了上千年

　　洪洞縣城東北十七公里的霍山腳下有霍泉，水自霍太山出。東漢時，山上有寺，唐時更名廣勝寺，霍泉也稱「廣勝寺泉」。唐貞觀年間，為祭祀霍泉神建水神廟。農曆三月十八日，傳說是水神的生日，水神廟與廣勝寺一牆之隔，為祭祀水神而形成的廟會也被稱作「廣勝寺廟會」。

　　霍泉之水是山下洪洞、趙城兩地的灌溉水源，歷史上為了爭奪水源，兩地人不斷打架鬥毆，不惜搏命。兩地人除了打架時見面外，老死不相往來。

　　唐貞元年間（78-805）兩地爭鬥又起，直到官府出兵制止。苦於兩地爭鬥不斷，州府與鄉紳們商量出了一個分水策略。

　　一天，水神廟前架起了一口油鍋，主持分水儀式的人將十枚銅錢扔入油鍋，意為霍泉之水會被分為十股清流，洪洞、趙城兩地派代表從滾熱的油鍋中撈取銅錢，撈得幾枚便可分幾股水。洪洞代表從油鍋裡撈出了三枚，趙城代表撈出了七枚。水源用石頭砌出溝渠，按照洪洞三分、趙城七分做了分流。兩地人為了紀念撈銅錢的英雄，還在水

神廟旁修築了好漢廟。

水源之爭似乎到此為止了。可事實是，直到清代，兩地奪水事故依然頻發，官府不得不再次出面。雍正三年（1725），在平陽知府劉登庸的主持下，將霍泉水「三七」分開，趙城七分，洪洞三分，並修建了分水亭，亭下用鐵柱分隔十孔，這個位置恰也成為當年洪洞、趙城兩縣分水的交界處──後來以科學方式測算，兩地獲得泉水的出水量其實是一樣的。儘管修築了分水亭，兩地為了水源的爭鬥依然不休，一直到新中國成立後兩縣合併，對泉水實行了統一調配，兩地的爭水之鬥才得以徹底解決。

為祭祀水神而辦的廣勝寺廟會卻一直延續至今，在廟會上有一個傳統節目──炸饊子，依然有當年油鍋撈錢分水的痕跡。

廟會上，烹飪高手們架起油鍋炸饊子。這既是一場技術表演賽，又是祭水儀式前的準備。炸出的饊子在大方桌上堆成山，人們便開始祭水。祭水由水神廟的高僧主持，主要內容是向蓮花池投饊子。說來奇怪，每投進十個饊子，到了分水亭，必然分成北面七個、南面三個，這實在是一件神奇又有趣的事。

解州關帝廟會

關公門前唱大戲

關羽被歷代皇帝加封了幾十次之多，由「侯」而「王」、由「王」而「帝」、由「帝」而「聖」，最後成為萬能之神。人成為神之後，住的房子也就成了廟。眾所周知，中國廟宇中數關帝廟數量最多，朝拜關公的信徒數量也是天下第一。

因關羽是山西解州人，隨著儒釋道三教對關羽的神化，以及歷代朝廷的加官晉爵，為紀念他「忠君愛國」「義氣千秋」，解州在隋唐時期修起了關帝廟，關公故里解州的關帝廟乃是天下關廟之祖。每年四月初八和九月初九是解州關帝廟會的正日子，這是一千多年前官方指定的廟會日。

九四八年，解縣由縣升為州府，行政級別提高之後，州府首先做的一件事就是確定關帝廟會舉辦的具體時間。一個廟會的舉辦之所以能驚動官府，主要是因為這裡有一種重要的物資——鹽。

鹽，向來是受國家控制的重要戰略物資。山西解州有鹽池，自然就形成了重要的交易市場。春秋戰國時期，解梁（解州古名）已經有了較繁華的集市。此後，鹽引只由官方頒發。九四八年，朝廷正式設

解州後，宣布開設廟會，允許食鹽在會上交易，大大促進了廟會的繁榮。廟會根據農時季節定為農曆四月和九月一年兩次，會期為一個月，四月初八、九月初九為會日。

四月初八這一天是關羽受封之日，也是黃帝戰勝蚩尤的紀念日。根據縣志記載，當時的廟會已是車水馬龍，摩肩接踵，豫西、粵北的馬幫，甘肅、內蒙古的駱駝，蘇杭的綢緞、陝甘的馬匹等源源不斷湧入解州，全國客商都雲集此地。市場做大了，免不了出現欺行霸市之徒。北宋時期，朝廷專門派包拯來此地整頓鹽業交易，規範市場，此後，解州關帝廟會名聲更盛。九百多年後，鹽已經不再是廟會上最重要的交易物資了，更多的商品湧向了廟會市場。

如今，「遊關廟、拜關帝、趕廟會」的傳統形式依然在延續。更吸引人的不再是物資交易，而是一系列祭拜關帝的活動。其中，「關公巡城」是廟會期間的重頭戲。每年的「關公巡城」活動除了本地信眾參加外，也會吸引福建、香港、臺灣等地的信眾前來祭拜。

國際關公文化節

開鎖

一種特別的成長禮

　　在山西民間，孩子到十二歲或者十五歲時會舉辦一個盛大的親朋聚會，祝賀孩子進入少年時期。這項活動上黨地區叫「圓羊」，晉南、晉中以及晉北地區叫「開鎖」，還有叫「圓鎖」「圓十五」「過十二」等。各地叫法不同，但意義相同，都是慶祝孩子成長，從此之後開啟智慧之鎖，能夠立志成人成才。

　　過去這種習俗主要流行於山西農村，開鎖的對象一般只限於年齡剛滿十二歲的長子。據乾隆年間的《大同縣志》記載，當家裡的第一個孩子出生，滿周歲後，要送到寺廟中寄養，叫作「寄僧」，要剃髮，要掛鎖，這鎖是用五枚或者七枚銅錢用紅線串起來的，這個「鎖」要一直戴到十二歲。這時，孩子的家裡人帶著各種貢品到寺裡，把孩子戴的紅線燒掉。孩子要拿著掃帚把廟裡的大殿打掃一遍，然後就可以跟著父母回家了，謂之「完願」或者「還俗」。如果是女孩子，是要踩著梯子從廟裡的牆頭翻出去的，叫「跳牆」。家中自然是準備好了大宴賓朋。這種儀式當時僅僅在滿、漢兩族中舉辦。

　　民間認為，孩子在十二歲之前，靈魂是不完整的，很多地方在孩

子出生後，會為他佩戴長命鎖，希望孩子無病無災，可以長命百歲。到了孩子十二歲時，靈魂完整了，就要舉辦開鎖禮。

舉辦開鎖禮時，山西晉南以及晉東南地區流行蒸一個直徑在六十釐米以上的「麵羊」以及一些「小羊」，這隻大麵羊是環形的麵圈，麵圈上有捏好的羊頭圖形，所以叫「麵羊」。羊有跪乳之恩，蒸麵羊也有取其義，教育孩子要懂得知恩反哺的道理。

晉北農村開鎖時要把套在孩子脖子上的銀鎖、套在手腕上的銀手鐲取下來，表示孩子已長大成人。開鎖儀式中最煩瑣、最神祕的鎖是山西浮山一帶的鐵項圈鎖。它是用廢棺木上的鐵釘七顆，請木匠在夜深人靜、星斗出全的時候，用黑驢蹄子打製而成的。這樣的鎖中隱藏著很多難以琢磨的謎，巫術的、鬼靈的、星相的等多種觀念交織在一起，早已無法探究其裡。歲月總是留下很多謎，讓人費解。

十里不同風，百里不同俗。說不同，卻又相通，祝願孩子健康聰明的祈願，古今中外，概莫能外。

望鄉會

奇特的姻親紐帶

　　站在黎城廣志山頂南望，上黨盆地一覽無餘。若再瞻顧左右和身後，則群山森列，峰壑起伏，景致壯美。山的主峰名玉皇頂，有座玉皇廟，是這座山祭祀的主神所在。不過，來廣志山的人們更願意去半山腰的媧皇廟，老百姓叫廟裡供奉的女媧為奶奶，想要生兒育女的女人們是這座廟裡最虔誠的信徒。奇怪的是，二百多年前，女媧廟裡突然多了一尊小奶奶的神位，而且這位小奶奶是附近襄垣縣的人。

　　二百多年前的一天，襄垣縣一戶王姓人家想要生個兒子，王夫人便悄悄到廣志山的媧皇廟來拜神。這裡拜神求子有個習俗，未婚嫁的女兒是不能進廟的。王家有個十來歲的女兒好奇，竟然悄悄尾隨母親上了山。當她母親虔誠禮拜後，一回身發現閨女笑嘻嘻地站在身後，這一驚真是非同小可，直把王夫人嚇得失聲叫一句：「哎呀，我的小奶奶！」未出嫁的女兒進了廟，這是對神不敬，求子也就不靈了。一股怒氣沖上腦門，王夫人抬手就給了閨女一巴掌。這巴掌下去，居然要了小姑娘的命。

　　出了人命是大事，廟裡老道急中生智，聲稱此女乃是女媧娘娘的

侍女，今日來此是歸位。老道還把此女屍身扶到座椅上，倒身下拜，口中念念有詞，並言之鑿鑿地說，女媧昨晚托夢，已經交代今日小奶奶會回來。從這一刻開始，廣志山媧皇廟中就多了一位「小奶奶」的神位。

每年四月十八和十月初一，兩地會舉行廟會來紀念她。廟會時，襄垣娘家人便把小奶奶塑像從梳妝樓上抬下，由請來的音樂團吹奏著，緩緩走出二道山門，上望鄉臺望家鄉。故而，廟會又被稱為「黎垣望鄉會」。

因為襄垣的閨女嫁的是黎城的「老爺」，成了黎城的「小奶奶」，所以此後襄垣與黎城兩縣的人竟集體默認對方為兒女親家。二百多年中，黎城人見了襄垣人叫「小舅子」，襄垣人見了黎城人喚「外甥」。無論相識與否，從不氣惱，也不管在什麼地方遇見，誰有了為難事，對方都傾力相助。這實在是頗為奇特的一種親屬關係。

撬羊賽會

不要高富帥　愛嫁撬羊漢

　　山西忻州、定襄、原平一帶的姑娘們在選女婿時有一條與眾不同的標準，不看高富帥，而要看對方是不是撬羊漢。簡單說，撬羊漢就是當地的摔跤能手。

　　在忻州一帶，摔跤是一項很普及的體育活動。勞動之餘，明月之夜，夏日飯罷，冬日閒暇，無需專門組織，或地頭，或街頭，或打穀場，或河邊沙灘，興之所至，便擺開跤場，摔到東方見白。

　　上場的人不分年齡，不分體重級別，自願出場，一跤見勝負。這裡的人們摔跤有個特點，赤裸上身，下身長短各隨其便。比賽時只能抓麻秧絲做的褲帶，這東西一抓就斷，一抓斷，比賽就必須停止，要重換後才能繼續比賽。這裡的人們把這種摔跤比賽叫「撬羊賽」。「撬」是方言「扛」的意思，因為撬羊賽的獎品是一隻又肥又大的綿羊。撬羊賽規定要摔倒六個人才算贏家，名為「過五關斬六將」，過五關的叫「保羊漢」，斬六將的就是「撬羊漢」了。最後的勝利者會把身披紅綢的大綿羊扛起來繞場一周，展示自己的勝利成果。

　　據說，這一習俗起源於宋代。在遠古時期有戴牛角相抵的遊戲，

到西周時期被改稱為「角力」，主要被用來訓練士兵的素質。秦時將角力改稱「角抵」。到唐代，角抵已在民間十分流行，每年元宵節和中元節被確定為角抵之期，都要進行大規模的角抵活動。到宋代，角抵又被稱為「爭交」，亦稱「相撲」，民間還有了相撲社團。

北宋初年，宋太宗任命楊業為代州刺史，但又對楊業不大放心，密囑潘美進行監督挾制。楊業兵少將寡，又處處受制於潘，夫人給他出了個主意，訓練民兵，戰時抗敵。為避免潘美誣陷，他便充分利用了相撲這種形式來訓練。後各村各寨都在廟會上展開了相撲比賽。

還有人說，這項活動跟岳飛的部下程效嬰有關。岳飛遇害後，程效嬰被遣送回忻州老家。為了增強鄉親們抵禦外敵的能力，他將岳飛軍中練兵的跤術傳授給了鄉親，從此忻定原一帶就有了這一民間競技運動。

自古美女愛英雄，當地有「嫁漢要嫁撓羊漢」的俗語。一旦有人成了撓羊漢，其大名很快就會在十里八鄉傳揚開來。那些待字閨中的姑娘們撩人的目光便會讓這些撓羊漢激動上一年半載。

寧武潑水節

寒冬時節潑水淨身送瘟神

　　山西省寧武縣城西南二十公里處海拔一九五四米的管涔山上，有大大小小十多個高山湖泊，被稱為天池，隋煬帝曾在此修築汾陽宮，作為自己的避暑勝地。

　　這裡緯度高、海拔高，冬天來得早，春天來得遲。春節期間，仍然是冰天雪地，可這裡的人居然會往人身上、牲畜身上潑天池水淨身，且這一習俗已傳承千年。

　　隋大業四年（608），隋煬帝在天池修建了汾陽宮，第二年便帶著文武臣僚、宮娥彩女十萬餘人在此避暑遊獵。環繞著汾陽宮，設置了許多軍營，如今當地的馬營、頭馬營、二馬營、三馬營等村皆源於此時。不久之後，汾陽宮毀於戰火，一些軍士解甲歸田，留在當地。

　　唐貞元十五年（799），朝廷相中這裡是優良的天然牧場，於是在天池周圍設置了皇家牧監，每年牧戰馬七十萬匹。馬營村來了一個專管牧馬的頭目，人們不知其名，呼為「馬監」。此人來到馬營後，欺男霸女，無惡不作，把周圍村子欺負得雞犬不寧。人們對他恨之入骨，可又敢怒不敢言，背後罵他是「瘟神」。

有一年正月初十，這個馬監喝得大醉，跑到一戶人家的水甕裡喝水，不想一頭扎進甕裡淹死了。軍士們當天就將屍體抬到村外，準備踩著冰過河埋到對面的山梁上，不想河床中的冰層破裂，軍士們都逃命了，馬監的屍體被河水沖得不知去向。周圍十里八村聽說之後，大放鞭炮，奔相走告。有人打上清水，將「瘟神」住過的家沖了又沖，掃了又掃。被他侮辱過的姑娘媳婦們互相往身上潑清水，洗刷恥辱，驅汙淨身。就連「瘟神」驅趕過的牛羊雞犬身上也被潑了清水，以示驅邪，憋屈的人們一下子心情舒暢了。從此之後，馬營村每到正月初十就會全村總動員，潑水清掃，淨身祈福。

　　不過，正月裡當地氣候寒冷，水一到身上就成了冰，潑水節免不了變成潑冰節。

五臺六月騾馬會

一場救佛的法會

六月初是一年之中最好的季節，不冷不熱，也是旅遊的好時節。每年這時五臺山都有盛大的集會，一般稱為五臺六月騾馬大會。

一個多月的時間裡，有來此交易牲畜的農民，有朝山拜佛的香客居士，有旅遊觀光的中外遊客，有做買賣的四方客商，高潮時五臺山臺懷鎮會聚集十四五萬人，熱鬧非凡。

據說，五臺山的六月古廟會最早始於隋唐時期，與西藏的佛教有一定的關係。唐時，西藏出了一個叫朗達瑪的藏王，在唐武宗會昌元年（841）實行了滅佛政策，藏地很多寺院關閉，僧人外逃。最後只剩下四位持戒喇嘛，他們商定要舉辦一個舞會讓藏王出來觀看，以便乘機殺死他。

六月十五日，在四個受比丘戒的喇嘛帶領下，眾喇嘛頭戴各種面具，在卻瑪贊樓臺下跳起了舞，藏王在樓上觀看。大喇嘛拉隆・貝吉多傑預先在袍袖裡藏了弓箭，把騎的白馬染成了黑色。舞蹈進入高潮，藏王看得出神，突然一箭飛來，射中了他的喉頭。大喇嘛急忙上馬而逃，黑馬渡過雅魯藏布江，經江水一洗，又變成了白色。藏王手

下的人不見了大黑馬，也就不再追趕。拉隆‧貝吉多傑喇嘛安然逃往外地。後來在一個山洞裡坐化。為了紀念拉隆‧貝吉多傑挺身護法，此後，凡喇嘛廟都會在每年六月初四至六月十五舉辦盛大的法會。

唐代，五臺山就已經成為藏地佛教徒心中的聖地，多有朝拜。自元代起，藏區藏傳佛教高僧及信徒到五臺山朝拜者日益增多。在五臺山進行的佛事活動也越來越多，五臺山逐漸成為藏傳佛教在中原的一大中心。明、清兩朝，藏傳佛教得到朝廷的支援，發展迅猛。乾隆皇帝崇信佛法，六臨五臺，大興土木，並規定舉行一年一度的六月法會，歷時一月，稱為「奉旨道場」。如今，五臺山黃廟喇嘛在六月法會期間，還會舉行盛大的宗教舞蹈，稱為「金剛舞」。

農曆的六月，五臺山氣候涼爽，山高坡寬，水草豐盛，是十分理想的天然牧場。從明朝萬曆年間開始，周邊地區的農牧民便利用五臺山六月大會的機會，到五臺山進行牲畜交易，逐漸形成了僧俗活動並重的集會日。

鄉寧油糕會

飄香鄉寧兩千年

在山西，各種廟宇遍布城鄉，酬神的廟會隔三差五就有。鄉寧油糕會原本也是酬神祭祀的一項內容，只是沒想到，原本作為祭祀用的油糕最後成了廟會的主角。

每年四月初八鄉寧人就架起油鍋，亮出自家手藝，吸引四鄰八鄉的人們來趕集吃油糕。油糕會期間，鄉寧縣山城就是一個油糕世界。不足一平方公里的地盤，油糕攤點多達三五十家。每個油糕攤前都圍得水泄不通。趕油糕會的老百姓以吃飽吃足油糕為美。一些年紀大或患病不能出門的人會讓人捎幾包油糕回家，分享其樂。當地有「寧窮一年，不窮一天」「有錢無錢，吃糕過會」的俗語。

《鄉寧縣志》載，北宋建隆三年（962），鄉寧人為了祭祀晉大夫荀息，在縣城東北管山鎮的柏山建了荀息祠，每年四月初八集會，以油糕祭祀荀息。其實，當地祭祀荀息最早是在春秋戰國時期。北宋建祠，只是恢復舊制。

荀息是春秋時期晉國的大臣，晉獻公病逝時，委以托孤重任。連續的宮廷政變，導致荀息輔佐的幼主最終被殺。荀息深感未能完成托

孤重任，遂自殺殉國。荀息不食其言，以死盡忠的品格歷代稱頌。人們敬仰荀息的忠節守信，為其立廟祭之。

人們祭拜祖先或是神祇一定會把自己最好的東西奉獻出來。二千多年前，油糕這樣的油炸食品應該是尊貴的食物，於是鄉寧人便以油糕來祭荀息。如此算來，鄉寧油糕的歷史已有二千年。

後來到了一五四八年，鄉寧縣建了結義廟，油糕會演變為祀結義廟的劉關張，不變的依然是用油糕作為祭品。這時，原來黍米麵的油糕發展為小麥麵的油糕，逐漸成為當地特色。人們乾脆直接把鄉寧四月初八的廟會喚作了「油糕會」。

油糕會一般以每年舊曆四月初六開始，四月十六結束，已成為當地一年一度的重要節日。

蔭城鐵貨會

蔭城鐵貨會

關公磨刀生意旺

山西長治縣的蔭城鎮是個小鎮，卻日進斗金，這源於此地春秋時期就開始的冶鐵業。據《左傳》所記，春秋時這裡就能製造簡易的鐵器，秦趙長平之戰中雙方兵士使用的銅柄鐵劍即是此地所製。

蔭城這個名字還是西漢時劉秀給取的。西漢末年，距今大約二千年，篡奪了漢朝天下的王莽對起義軍劉秀窮追不捨。劉秀逃至此地得到暫時喘息，遂問此為何地，村裡人說叫「谿北」。劉秀環顧四下松蔭濃密，信口而曰：「非谿北焉，乃蔭城也。」後來，這裡便更名為蔭城。到東漢時，這裡已經被稱為「天然鐵府」。唐宋時蔭城已能製造用於軍事的鐵炮、鐵雷。

古往今來，蔭城這地方幾乎家家有鐵爐、戶戶會打鐵，製鐵手藝輩輩相傳，經銷鐵器代代承繼。尤其到了明清兩代，日用鐵器更聞名天下，這裡成為中國北方最大的鐵貨集散地和鐵貨貿易中心，當時蔭城鐵貨品種多達三千個。

蔭城鐵貨出名，蔭城的鐵貨會更是一年中最讓鐵器經銷商們盼望的節日。大約是因為蔭城鐵貨出名，就連三國名將關羽也與蔭城有了

關係。

傳說三國時期，關羽過五關跑到蔭城，由於連斬數將，刀已經鈍了，眼看蔡陽就要追上來，關羽無奈仰天長歎「吾命不久也」。話音剛落，天上頓生烏雲，頃刻間下起了大雨。關羽大喜，就雨磨刀。北地刀王蔡陽追來，交鋒數次，終被關羽的青龍偃月刀斬於馬下。

往來於蔭城從事鐵貨生意的商賈為了祈求關老爺保佑他們生意興隆、來往平安，自發捐資在關羽磨刀的五月十三設會建廟、拜神唱戲。斗轉星移，廟會和鐵貨貿易自然融為一體。明清時，蔭城的鐵貨會聞名天下，說是半月會期，實則一月不散。

如今蔭城鎮還能依稀看見鄉村鐵匠們燒造的鐵爐、鐵鍬、鐵鍋等鐵貨，但往昔鐵貨會烈火烹油般的熱鬧場景已是一去不復返了。

河東「搶親戚」

堯帝之女回娘家

汾河蜿蜒穿過洪洞，河東有一個村叫「羊獬」，在河西有一地叫「歷山」，兩者相去三四十公里。四千多年來，兩地有一種傳承不衰的習俗——接姑姑，迎娘娘。

羊獬村原名「周府村」，有一日這裡出生了一隻獨角羊——獬，這只神獸能辨善惡。定都平陽（今山西臨汾）的堯王帶著懷孕的妻子和大女兒娥皇來看稀罕，不料妻子在此分娩了，這個女孩兒墮地能坐、三日能行、五日能言、滿月善針織、百日通天文達地理，被起名叫「女英」。堯覺得這個地方吉祥，便遷居此地，改村名為「羊獬」。

舜本是洪洞諸馮人，出生後母親去世。其繼母處處刁難他，舜被逐出家門，到了歷山，在此耕種。堯王訪賢，在歷山見到舜用黃牛和黑牛犁田，舜捨不得鞭打牛，就在牛後面掛一個簸箕，牛走得慢了就敲簸箕，這樣兩頭牛都以為鞭打對方而各自惕勵。堯王覺得此人恩及牲畜，一定對百姓有仁愛之心，便選了舜做接班人，並把娥皇、女英兩個女兒嫁給了舜。羊獬和歷山就成了二女的娘家和婆家。

羊獬人自認是堯的後代，根據輩分稱呼娥皇、女英為「姑姑」。

歷山以及其他地方人則稱她們為「娘娘」（這裡的「娘娘」不是皇妃的意思，而是對奶奶的稱呼）。當年農曆三月三正值清明時節，二女要回娘家掃墓祭祖，住到堯王生日四月廿八兩人給父親做壽後當日一定會返回歷山，因為這時歷山地區即將開始夏收，她們要回來與百姓一道參加夏收。娥皇、女英關心民間疾苦，和百姓同甘共苦、平易近人，深受百姓的愛戴。所以每次住娘家、回婆家時，兩地百姓都要自發相集，爭相迎送。羊獬、洪洞兩地相距七十里。在當時交通不便的情況下，參加迎送的老老少少都是憑藉一雙腳板走下來的。故此，為了趕上正日子，迎送的人們往往要提前一天出發，浩浩蕩蕩渡過汾河。這樣的省親安排從堯舜時代一直延續到如今。每年兩地的老百姓都會抬著兩位元女子的塑像，按照固定的時間，接送她們往返於娘家和婆家，四千多年來從未間斷。

年年三月三堯女省親。接親、送親的隊伍浩浩蕩蕩，綿延數里，羊獬的百姓會設香案送兩位「姑姑」，歷山的百姓則家家擺酒設宴，沿途招待接送姑姑的「親戚」。每每此時都會出現「搶親戚」的場面，且家家以搶到的「親戚」多為幸事。

整個走親活動中，規模宏大，情感濃烈，每一位親歷者都會受到感染。一門親讓兩地之間從地緣關係親密到血緣關係，且四千年不間斷，這樣的民風習俗在中國歷史上也是少有的。這一以堯舜傳說為歷史背景的民俗活動，已被列入國家級非物質文化遺產名錄。

晉祠古會

晉祠廟會祭水母

每年六月始，七月中旬止，晉祠古會吸引著山西太原城鄉周邊百里之內的百姓。這古會的故事是圍繞水開始的。

晉祠古為唐地，周成王的弟弟虞（姬姓）被封在唐，他是周成王的胞弟，因兄為伯、弟為叔，故又被稱為叔虞。叔虞的兒子燮繼位，因有晉水，遂改唐為晉。人們把唐叔虞作為晉國的始祖，在晉水之源祀奉叔虞，遂有晉祠。

晉祠的水與一位捨生忘死的善良女子有關。

相傳，太原金勝村有個姑娘叫柳春英，嫁到古唐村（今晉祠）為媳。春英生性善良賢慧、勤勞儉樸、能忍能讓。而她的婆婆卻十分刁蠻。柳氏做好飯菜，婆婆嫌缺鹽少醋，常常倒掉重做；柳氏從好幾里以外挑來的水，婆婆嫌身後桶裡的水不乾淨要倒掉，只吃前桶水，春英天天都得往返多趟去挑水。

有一天，她正挑著水往回走，半道上遇到一位牽著白馬的老頭請

晉祠背棍

求讓他的馬喝點水，柳氏爽快地答應了。如此三日，柳氏都滿足了老人的要求。老人贈給善良的春英一條馬鞭，說把它放在水甕裡，只要輕輕一提，水就會上湧，要多少就提多高，但千萬不能過甕沿，否則就會遭水淹！

柳氏從此免卻了挑水之苦，四鄰五舍也不用再翻山越嶺挑水了。但這引起了婆婆的不快，一天她趁柳氏回娘家，想把馬鞭藏起來，可馬鞭剛一提出水甕，滔滔大水頃刻湧出，轉眼間就要淹沒整個村莊。春英聞訊，來不及把頭梳完便趕回家，匆忙中把一個草墊扔在甕上，就不顧一切地坐了上去。大水頓時變小，只剩下一股泉水從座下溢出，這便是晉水源頭──難老泉。而柳春英一手持梳、一手挽髮，神情安詳，已然坐化成仙。從此，人們便把柳氏奉為水母。每年農曆六

月初一至七月初五，祭祀活動不斷。

根據記載，到宋元時，人們祭祀水母時也會去晉祠的聖母殿祭拜，一因聖母是晉國始君唐叔虞的母親，人們認為，敬聖母也等於敬叔虞；二因當時還沒有水母神像。直到明嘉靖四十二年（1563）晉祠修了水母樓（又稱「梳妝樓」「水晶宮」），才將水母與聖母分為二神分別祭祀。專門祭祀聖母的日子從農曆七月初二開始，七月初四是聖母出行之日，經各村莊遊行，於十四日送回晉祠。於是，形成了晉祠一帶自農曆六月始至七月中旬止的祭水神、聖母的古會，幾百年來，幾無間斷。

晉祠古會是人們對水源、對母親的一種崇拜和尊重，也是對水能生萬物的一種敬仰。

後記

　　《山西文化之旅》是一套以故事敘記山西歷史文化的普及性讀物。

　　斯著之成，始於山西省副省長王一新之構倡，策劃創作期間，屢示洞見。山西省旅遊局負責本書的具體實施和推廣。山西省政府盛佃清先生，山西省人大常委會韓和平先生，山西省旅遊局馮建平先生、王炳武先生，山西省新聞出版廣電局齊峰先生親力協調統籌、總理編務，襄助良多。山西省政府辦公廳郭建民、樊張明、李仁貴、梅強、薛冬，山西省旅遊局陳少卿以及山西省委外宣辦鄧志蓉、王寶貴亦不辭辛苦，為叢書撰寫做了大量工作。山西旅遊職業學院王銳、祁朝麗、喬美華、磨占雄、呂繼紅、杜宇等專家學者參與本冊文稿審核，多有裨益。一併鳴謝！

昌明文庫・悅讀文化 A0605021

山西文化之旅・民俗風物篇

主　　編　晉　旅
版權策畫　李煥芹

發行人　林慶彰
總 經 理　梁錦興
總 編 輯　張晏瑞
編輯所　萬卷樓圖書股份有限公司
臺北市羅斯福路二段 41 號 6 樓之 3
電話 (02)23216565
傳真 (02)23218698

出　　版　昌明文化有限公司
桃園市龜山區中原街 32 號
電話 (02)23216565
發　　行　萬卷樓圖書股份有限公司
臺北市羅斯福路二段 41 號 6 樓之 3
電話 (02)23216565
傳真 (02)23218698
電郵 SERVICE@WANJUAN.COM.TW

ISBN 978-986-496-541-0
2020 年 2 月初版
定價：新臺幣 320 元

如何購買本書：
1. 轉帳購書，請透過以下帳戶
   合作金庫銀行 古亭分行
   戶名：萬卷樓圖書股份有限公司
   帳號：0877717092596
2. 網路購書，請透過萬卷樓網站
   網址 WWW.WANJUAN.COM.TW
大量購書，請直接聯繫我們，將有專人為您
服務。客服：(02)23216565 分機 610

如有缺頁、破損或裝訂錯誤，請寄回更換
版權所有・翻印必究
Copyright©2020 by WanJuanLou Books CO., Ltd.
All Rights Reserved　　　**Printed in Taiwan**

國家圖書館出版品預行編目資料

山西文化之旅. 民俗風物篇 / 晉旅主編. -- 初
版. -- 桃園市 : 昌明文化出版 ; 臺北市 : 萬
卷樓發行, 2020.02
面 ; 公分. -- (昌明文庫 ; A0605021)

ISBN 978-986-496-541-0(平裝)

1.文化史 2.山西省

671.44　　　　　　　　　　　109002014

本著作物經廈門墨客知識產權代理有限公司代理，由山西人民出版社有限公司授權萬
卷樓圖書股份有限公司（臺灣）出版、發行中文繁體字版版權。